2020

Art of War / Art of Chess

Artwork - Salvador Dali

Chess stats – These are my first 90 online games (without the aid of a chess engine.)

	Won	Lost	Drawn	Moves	Games
All games:	71%	20%	9%	32	90
Playing as White:	76%	20%	4%	28	46 (51%)
Playing as Black:	66%	20%	14%	36	44 (48%)

Become a Chess Boss

Publicado el Noviembre de 2020

CreateSpace Publishing

Autor Vincent DeGruy

Gracias

Infinito gracias a nuestro creador. Muchas gracias a mi madre por haberme enseñado al ajedrez, a mi esposa Linda por aguantar mi interminable charla sobre cosas de ajedrez, al tío Sam de los intangibles y a todos los héroes cuyas vidas triunfantes inspiran diariamente.

Published November, 2020

CreateSpace Publishing

Author Vincent DeGruy

Thanks

Infinite thanks to our Creator. Many thanks to my mother for teaching me chess, to my wife Linda for putting up with my never-ending chatter about chess stuff, to Uncle Sam for intangibles, and to all the heroes whose triumphant lives inspire me daily.

Contents

Prefacio

Estoy haciendo una versión en español / inglés en este formato para que las personas de ambos orígenes lingüísticos puedan aprender más sobre el idioma del otro. Además, dado que el inglés es mi punto fuerte, he incluido el inglés en caso de segmentos mal traducidos. Además, recuerdo con cariño que me dormí muchas noches con un libro de oraciones escrito en este formato. Fue genial para mi alma, mi cerebro y mis habilidades lingüísticas.

Este libro nos presenta a los grandes líderes del pasado que lograron victorias fantásticas contra oponentes que controlaban el centro y poseían fuerzas superiores. Esto se hizo mediante el uso de una defensa sólida seguida de una acción decisiva.

Este libro es el primero en presentar una estrategia invencible para las negras (en respuesta a E4 o D4) que pone a las blancas en desventaja desde el principio.

Preface

I am making a Spanish / English version in this format so that people of both linguistic backgrounds can learn more about each other's language. Also, since English is my strong point, I have included English in case of poorly translated segments. Also, I fondly remember that I fell asleep many nights with a prayer book written in this format. It was great for my soul, my brain, and my language skills.

This book introduces us to the great leaders of the past who delivered fantastic victories against opponents who controlled the center and possessed superior forces. This was done by use of solid defense followed by decisive action.

This book is the first to present an invincible strategy for Black (in response to E4 or D4) which puts White at a disadvantage from the start.

La ventaja más simple y clara es que las negras poseerán más tiempo en el reloj, frescura mental y un oponente que comienza a darse cuenta de que el éxito es un espejismo.

La defensa del hipopótamo consiste en desarrollar peones negros al tercer rango y desarrollar piezas al segundo rango. Muy pronto, las piezas se desarrollarán aún más para atrapar y destruir las incursiones blancas.

La estrategia descrita en este libro se enfoca en detalles para los primeros 4-10 movimientos. El orden en que se hacen es muy importante. Hacer movimientos en el orden incorrecto le da al oponente la oportunidad de obtener ventaja. Después de los primeros movimientos (conocidos como posicionamiento o postura), se puede aplicar la estrategia general descrita en la parte 2 de este libro.

The simplest and clearest advantage is that Black will possess more time on the clock, mental freshness, and an opponent who begins to realize that success is a mirage.

The Hippo Defense consists of developing Black pawns to the third rank and developing pieces to the second rank. Soon enough, the pieces will develop further to trap and destroy White incursions.

The strategy outlined in this book focuses on specifics for the first 4-10 moves. The order in which they are made is very important. Making moves in the wrong order gives the opponent an opportunity to gain advantage. After the first few moves (known as positioning or posturing), one can apply the general strategy outlined in part 2 of this book.

Este libro es una guía para la persona que desea mejorar su habilidad para hacer movimientos fuertes en el ajedrez. Otros libros discuten varias aperturas como reacción a la selección de estrategia de apertura de White.

Este libro prepara al lector para pensar estratégicamente, enfocarse en obtener ventaja, evitar que el oponente obtenga ventaja y evaluar los intercambios inevitables con una perspectiva de las posibilidades posicionales.

Juego para ganar o para evitar pérdidas, no para usar un truco de apertura con la esperanza de que mi oponente no haya leído sobre la defensa.

Cada juego es una batalla sobre 64 casillas.

Cuando las negras usen esta estrategia, las blancas ganarán menos juegos.

Lo garantizo.

This book is a guide for the person who wishes to enhance his/her ability to make strong moves in chess. Other books discuss various openings as a reaction to White's selection of opening strategy.

This book prepares the reader to think strategically, to focus on gaining advantage, to prevent the opponent from gaining advantage, and to evaluate the inevitable exchanges with a perspective on positional possibilities.

I play to win or to avoid loss, not to use some opening gimmick in the hopes that my opponent has not read about the defense for it.

Each game is a battle over 64 squares.

When Black uses this strategy, White will win fewer games.

I guarantee it.

Prólogo

El autor es sinceramente muy contento de presentar al lector con este material. Él jugó un montón de juegos durante la fase de investigación (un tramo de 8 años jugando al ajedrez para unos 3-5 horas diarias con la gente más talentosa podría la oportunidad de jugar al ajedrez con).

La razón de su prueba de sonido es debido a las leyes básicas en la guerra. Negro y Blanco representan generales con 8 piezas cada uno y 8 peones cada uno. Cada uno posee las herramientas (piezas y peones) para neutralizar cualquier amenaza de la oposición general. Cada general hace exactamente una jugada después de presenciar una jugada de su oponente. Mientras que en guerra real información acerca de los movimientos del enemigo es imprecisa, en ajedrez la información es exacta.

Mientras el juego progresa, las posibilidades de empate provienen de las siguientes situaciones:

Prologue

The author is sincerely pleased to present the reader with this material. He played a lot of games during the research phase (an 8 year stretch playing chess for about 3-5 hours per day with the most talented people he could chance to play chess with).

The reason his proof is sound is because of basic laws in warfare. Black and White represent Generals with 8 pieces each, and 8 pawns each. Each possesses the tools (pieces and pawns) to neutralize any threat posed by the opposing general. Each general makes exactly one move after witnessing his opponent's one move. Whereas in real war information about the enemy's moves is imprecise, in chess the information is exact.

As the game progresses, the possibilities for draw come from the following situations:

- Sólo un caballero--o--sólo un obispo--
  y no permanecen peones
- Repetición de tres veces de posiciones
  en el tablero, esto significa que
  cada pieza fue en la misma plaza
  en la misma posición en relación
  con todas las otras piezas. La
  misma posición para cada pedazo
  en tres ocasiones.
- 50 el mover la regla
  - A continuación viene de
    Wikipedia 24 de julio de 2014.
    - "La regla de cincuenta
      movimientos en Estados de
      ajedrez que un jugador
      puede reclamar un empate
      si no captura se ha hecho y
      no peón se ha movido en
      los últimos cincuenta
      movimientos (para este
      propósito que
      un"movimiento"consiste en
      un jugador de completar su
      turno seguido por su rival
      completar su turno).

- Only a knight -- or -- only a bishop -- <u>and</u> no pawns remain
- Three time repetition of positions on the board -- this means every piece was on the same square in the same position relative to ALL other pieces. Exactly the same position for every piece on three separate occasions.
- The 50 move rule
  - The following comes from Wikipedia July 24, 2014.
    - "The fifty-move rule in chess states that a player can claim a draw if no capture has been made and no pawn has been moved in the last fifty moves (for this purpose a "move" consists of a player completing his turn followed by his opponent completing his turn)

El propósito de esta regla es evitar que un jugador con ninguna posibilidad de ganar de continuar obstinadamente a reproducir indefinidamente (Hooper & Whyld 1992:134), o tratando de ganar puramente por cansar al oponente hacia fuera.

Todos los mates básicos pueden lograrse en bastante por debajo de 50 movimientos. Sin embargo en el siglo XX se descubrió que ciertas posiciones final puede ganar pero requieren más de 50 movimientos (sin una captura o un movimiento de peón). Por lo tanto, la regla fue cambiada para permitir ciertas excepciones en que se permitieron 100 movimientos con combinaciones de materiales particulares.

The purpose of this rule is to prevent a player with no chance of winning from obstinately continuing to play indefinitely (Hooper & Whyld 1992:134), or seeking to win purely by tiring the opponent out.

All of the basic checkmates can be accomplished in well under 50 moves. However in the 20th century it was discovered that certain endgame positions are winnable but require more than 50 moves (without a capture or a pawn move). The rule was therefore changed to allow certain exceptions in which 100 moves were allowed with particular material combinations

Sin embargo, cada vez más tales posiciones puede ganar fueron descubiertos más tarde, y en 1992 FIDE abolió todas estas excepciones y reinstauró la estricta regla de 50 movimientos."

<u>NOTA</u>

Las posibilidades de empate se mencionan dos veces en este libro. La razón de esto es que un empate para el negro es una victoria en la lucha para disminuir las victorias blancas. Actualmente blanco gana aproximadamente el 52% de juegos grabados. Eso es porque negro ha estado jugando la estrategia blanca. Es hora de despertar. Es hora de usar una estrategia de terrenos apropiados. En este terreno, blanco se mueve primero y el espacio de batalla es 8 columnas de ancha por 8 hileras profundos. Es hora de utilizar una estrategia que fue probada contra los ejércitos más grandes de la historia. Y que demostró resultados notables.

However, more and more such winnable positions were later discovered, and in 1992 FIDE abolished all such exceptions and reinstated the strict 50-move rule."

<u>NOTE</u>

The possibilities for draw are mentioned twice in this book. The reason for this is that a draw for black is a victory in the struggle to diminish white victories. Currently white wins about 52% of recorded games. That is because black has been playing the white strategy. It is time to wake up. It is time to use a terrain-appropriate strategy. In this terrain, white moves first and the battle space is 8 columns wide by 8 rows deep. It is time to use a strategy which was tested against the greatest armies in history. And which showed remarkable results.

La Estrategia Negra es simplemente una alusión a la idea de suspender la lucha para ganar victorias negras mediante una estrategia de blanca.

Definiciones

• Ganar posición -

- Posición desde la que puede forzar a un oponente a la derrota. --

  Obviamente diferente a la posición inicial. Si esto no fuera el caso entonces un ordenador habría resuelto el enigma y el mundo sería diferente que es hoy.

• Ventaja posicional -

- En la primera jugada, Blanca y Negra cada uno tienen 20 movimientos posibles. No hay nada que el opositor puede hacer para cambiar esto. Aparte del caballero, todas las piezas son incapaces de moverse debido a la acción de bloqueo de las piezas y peones. En esta situación no hay ninguna ventaja.

The Black Strategy is simply an allusion to the idea of discontinuing the struggle to gain black victories using a white strategy.

Definitions

- **Winning Position** -
  - Position from which you can force an opponent into defeat. -- Obviously different from the starting position. If this were not the case then a computer would have solved the riddle and the world would be different than it is today.

- **Positional Advantage** -
  - On the first move, White and Black each have 20 possible moves. There is nothing the opponent can do to change this. Other than the knight, all of the pieces are unable to move due to the blocking action of the surrounding pieces and pawns. In this situation there is no advantage.

Pieza ventaja -

- Cuando un jugador tiene más piezas, piezas mejores (Reina frente a caballero, por ejemplo) o peones más, entonces se dice que tienen una 'pieza ventaja'.

En este texto se definen algunas palabras. Las reglas, las piezas de ajedrez y los movimientos han sido explicados en las reglas básicas del ajedrez, suministrado con cada juego de ajedrez.

- **Piece Advantage** -

  - When one player has more pieces, better pieces (Queen versus knight, for example), or more pawns, then he is said to have a 'piece advantage.'

Few words are defined in this text. The rules, the chess pieces and the possible moves have all been explained in the Basic Rules of Chess, provided with every chess set.

Antecedentes históricos

Batalla de Cannas

Hannibal (llevando los cartagineses) vs
Varro (líder Army romano)

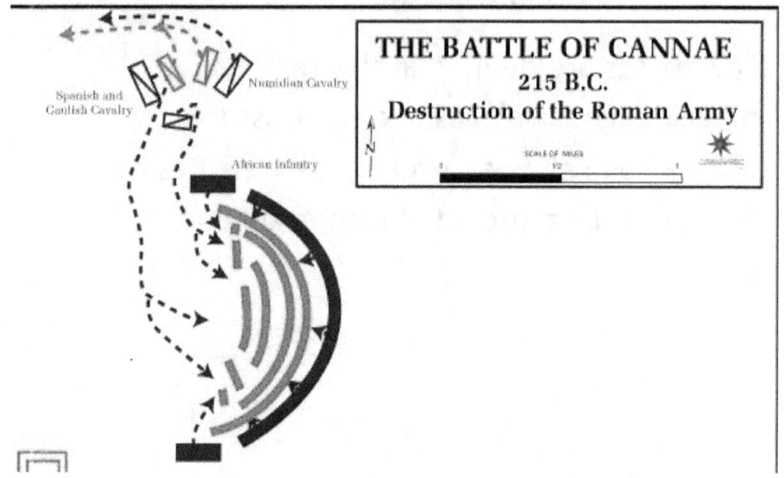

Foto de Wikipedia 16 de septiembre de 2014

Se destruye un ejército romano dos veces
tan fuerte, y el centro de control, porque
los combatientes romanos no tienen
ningún margen de maniobra. Ellos
literalmente están en desventaja por la
cercanía de los otros chicos de su
equipo.Aportan nada a la pelea en el borde
donde los romanos son superados.

Historical Precedents

Battle of Cannae

Hannibal (leading the Carthaginians) vs Varro (leading the Roman Army)

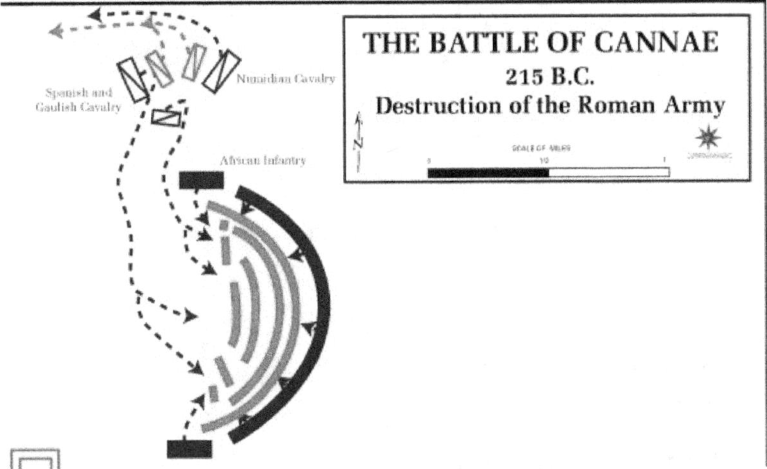

Pic from Wikipedia September 16, 2014

A Roman army twice as strong, <u>and controlling the center</u>, is destroyed because the Roman combatants have no room to maneuver. They are literally handicapped by the close proximity of the other guys on their team. They contribute nothing to the fight going on at the edge where the Romans are outmatched.

El siguiente Resumen de la batalla proviene de:

17 de septiembre de 2014

"Las tácticas de Aníbal en este choque todavía se enseñan en colegios militares hoy.

"Polybius estima que Hannibal tenía cerca de 40.000 infantería y 10.000 caballería versus la fuerza romana de 80.000 infantería y 8.000 caballería. Alinearon su fuerza inferior con la caballería en las alas y la infantería en el centro. Él coloca a su infantería en una curva convexa hacia los romanos, con las tropas más débiles, los celtas y los españoles, en el punto más cercano al enemigo.

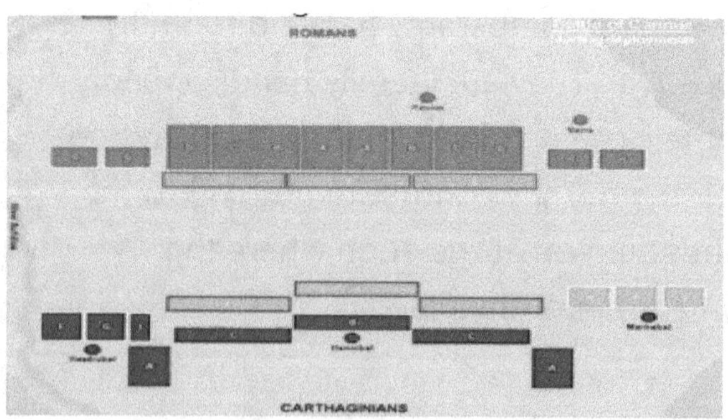

The following summary of the battle comes from:

September 17, 2014

"Hannibal's tactics in this clash are still taught in military colleges today.

"Polybius estimates Hannibal had close to 40,000 infantry and 10,000 cavalry versus the Roman force of 80,000 infantry and 8,000 cavalry. He lined up his inferior force with the cavalry on the wings and the infantry in the centre. He positioned his infantry in a convex curve towards the Romans, with the weakest troops, the Celts and Spaniards, at the closest point to the enemy.

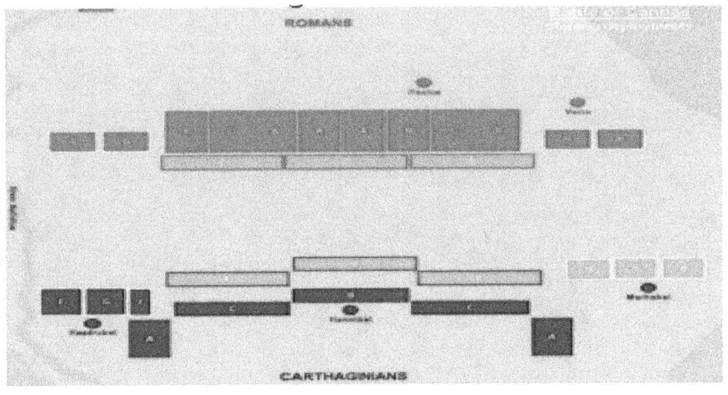

"Los romanos alinearon de manera similar, pero debido a su superioridad numérica profundizaron sus líneas creando una fuerza inmensa, pesada de infantería en el centro. Los romanos eran comandados por dos cónsules – Varro y Paulo. Paullus era conocido por haber tomado Consejo de Fabius Maximus 'El Delayer' y no estaba dispuesto a entablar batalla Hannibal. Por otro lado Varro estaba ansioso por demostrar su valor y llevar la lucha al invasor. El sistema romano en este momento debía tener días alternos del comando así cuando era turno de Varro inmediatamente tomó su oportunidad.

"The Romans lined up in a similar fashion but due to their superior numbers they deepened their lines creating a vast, heavy force of infantry in the center. The Romans were commanded by two consuls – Varro and Paullus. Paullus was known to have taken advice from Fabius Maximus 'The Delayer' and was not keen to engage Hannibal in battle. Varro on the other hand was eager to prove his valor and take the fight to the invader. The Roman system at this time was to have alternate days of command so when it was Varro's turn he immediately took his chance.

"La batalla comenzó. Al principio los celtas y los españoles celebraron su línea pero antes de mucho tiempo romano pesado infantería se rompió a través. Centro débil de Aníbal que ahora se inclinó hacia el interior y los romanos aumentaron tras el enemigo que huye.

"La caballería se enfrentaron en ambos lados de la infantería. La caballería númida comprometidos con e infligido fuertes bajas a los romanos de la fuerza en sus alas. Su método de lucha era inusual – evitar involucrarse con el enemigo y cargar continuamente y se retiro tirando lanzas y dando vueltas lejos para hacer esto una y otra vez. Su armadura ligera y gran habilidad les permiten hacerlo sin ser atrapado por la caballería pesada más engorrosa de los romanos.

"Mientras Asdrúbal había virtualmente destruido por el otro flanco de la caballería y cargado a través de apoyar los Númidas.

"The battle began. At first the Celts and Spaniards held their line but before too long the heavy Roman infantry broke through. Hannibal's weak centre now bowed inwards and the Romans surged after the fleeing enemy.

"The cavalry clashed on both sides of the infantry. The Numidian cavalry engaged with and inflicted heavy casualties on the Roman force on their wing. Their method of fighting was unusual – they would avoid engaging with the enemy and continually charge and retreat throwing spears and circling away to do this over and over again. Their light armour and great skill allowed them to do this without being caught by the more cumbersome heavy cavalry of the Romans.

"Meanwhile Hasdrubal had virtually destroyed the cavalry on the other flank and charged across to support the Numidians.

La caballería romana al ver su actitud, huyó, Asdrúbal (no hermano de Aníbal, Asdrúbal era un nombre popular!) luego a la izquierda los Númidas para "lidiar con el huir enemigos y dio vuelta a la ayuda de la infantería.

"Por esta vez los romanos habían forzado su manera profundamente en la línea de infantería enemiga y ahora la infantería pesada africana estaba alineada en sus lados. Los africanos se volvió y atacaron a los flancos de la fuerza romana y pronto llegó la caballería cartaginesa y atacó a su retaguardia. La infantería romana fue rodeada – Aníbal 'doble envolvimiento' estaba completa. Los romanos fueron masacrados – Polybius estima que cerca de 70.000 Roman murió en Cannae, incluyendo Paulus con Varro huyendo del campo de batalla. Hoy en día esta cifra como la mayoría de los hombres muerta en combate de un solo día..."

The Roman cavalry on seeing their approach, fled, Hasdrubal (not Hannibal's brother – Hasdrubal was a popular name!) then left the Numidians to "deal with the fleeing enemy and turned to aid the infantry.

"By this time the Romans had forced their way deep into the enemy infantry line and now the heavy African infantry were aligned on their sides. The Africans turned and attacked the flanks of the Roman force and soon the Carthaginian cavalry arrived and attacked their rear. The Roman infantry was surrounded – Hannibal's 'double envelopment' was complete. The Romans were slaughtered – Polybius estimates that close to 70,000 Roman's died at Cannae, including Paulus with Varro fleeing the battlefield. To this day this figure stands as the most men killed in a single day's battle..."

Batalla de las Termópilas

Rey Leonidas (llevando los espartanos) vs el ejército de Jerjes I, rey de Persia

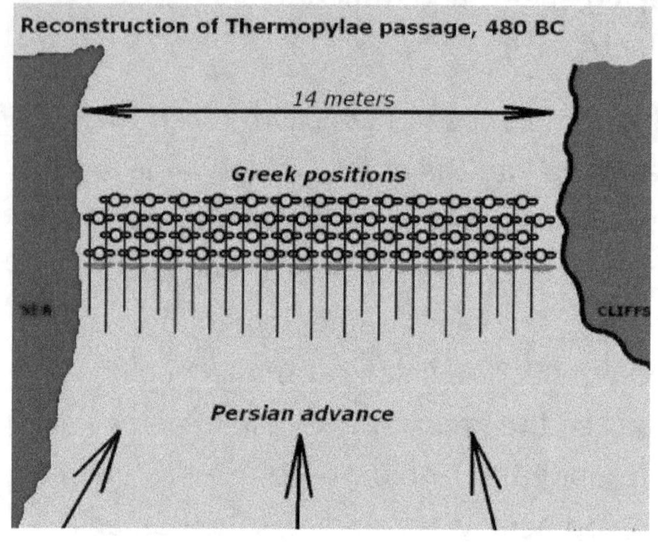

https://annoyzview.wordpress.com/tag/Battle-of-Thermopylae/

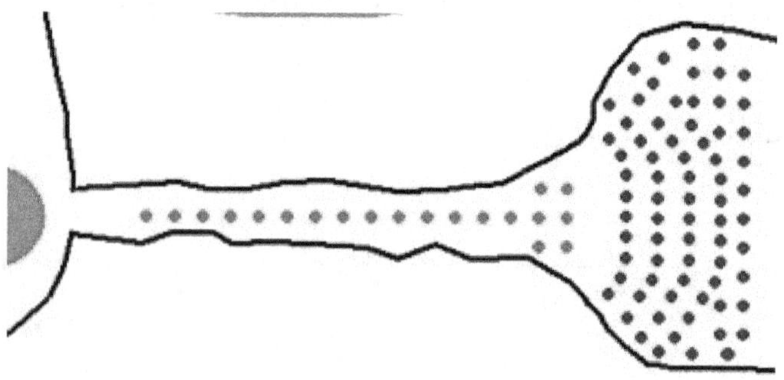

17 de septiembre de 2014

Battle of Thermopylae

King Leonidas (leading the Spartans) vs the Army of Xerxes I King of Persia

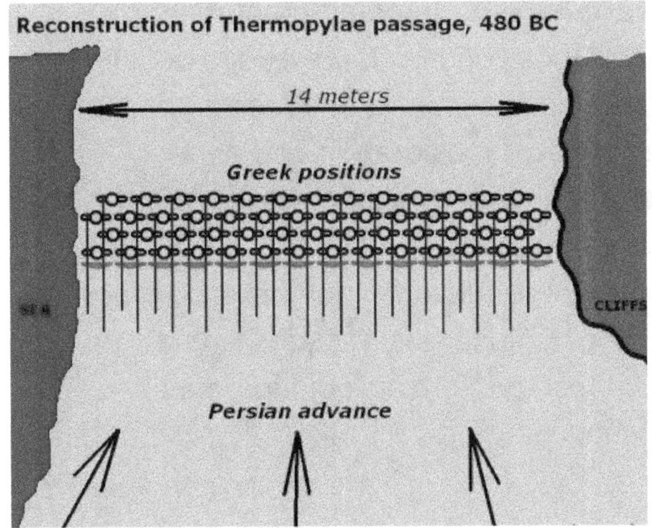

https://annoyzview.wordpress.com/tag/batt le-of-thermopylae/

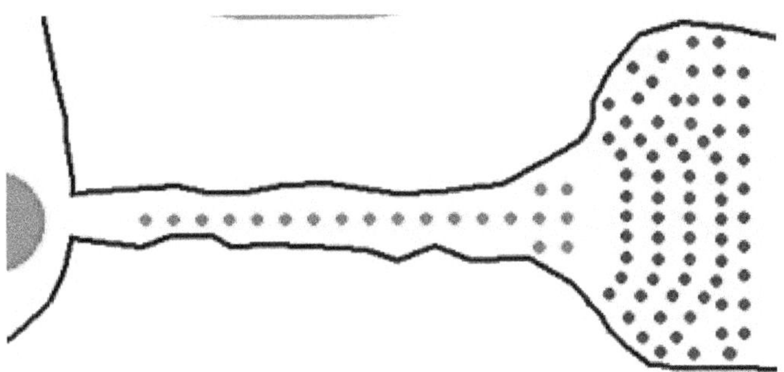

September 17, 2014

17 de septiembre de 2014

En esta batalla, un pequeño número de espartanos con lanzas y escudos defiende un desfiladero contra una fuerza opositora veinte veces más grande. Los persas experimentaron a diez veces las bajas experimentadas por los espartanos. Recuerdo que los espartanos tuvieron sólo lanzas, escudos, arena y un buen plan que era apropiado para el terreno.

September 17, 2014

In this battle a small number of Spartans with spears and shields defends a narrow pass against an opposing force twenty times larger. The Persians experienced ten times the casualties experienced by the Spartans. Remember the Spartans had only spears, shields, grit, and a good plan which was appropriate to the terrain.

Batalla deGaugamela

Alejandro Magno (líderes macedonios) vs rey Darius I (líder de los persas)

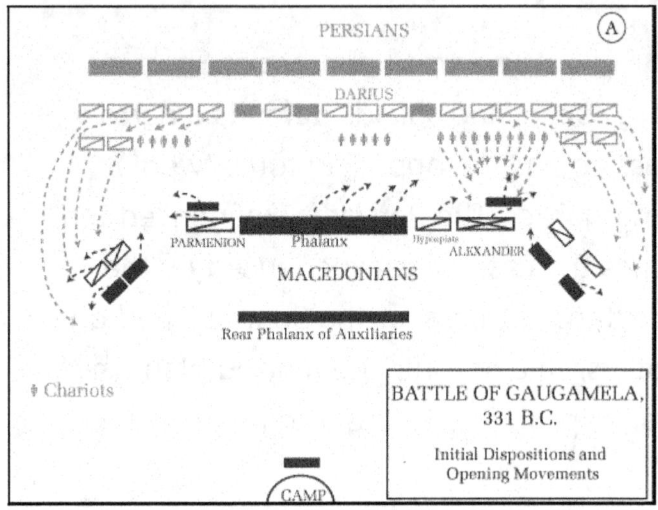

Al principio de la batalla, Darío dirige un ejército mucho más fuerte. Conforme avanza la batalla, Alexander aprovecha la oportunidad de usar fuerza excesiva contra un área a la derecha del centro desde la perspectiva de Alexander.

Battle of Gaugamela

Alexander the Great (leading Macedonians) vs King Darius I (leading the Persians)

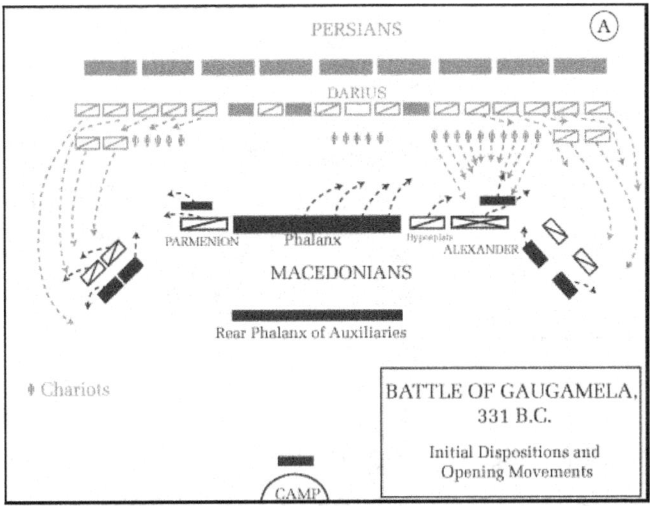

At the beginning of the battle, Darius commands an army that is much stronger. As the battle progresses, Alexander takes advantage of an opportunity to use excessive force against one area to the right of the center from the perspective of Alexander.

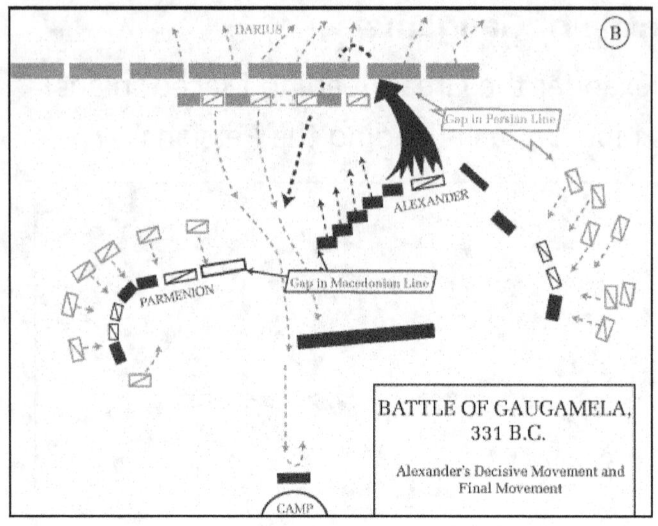

Cada ejército logró que algunos combatientes en la zona posterior del opositor. Las fuerzas de Alejandro que le hizo a la parte posterior fueron más eficaces.

En el tablero de ajedrez, esto sería similar a un oponente a una reina y torre en el otro extremo mientras el otro oponente administra a solamente un obispo.

El resultado final es que los persas huyeron del campo de batalla y los macedonios se convirtieron en los nuevos gobernantes.

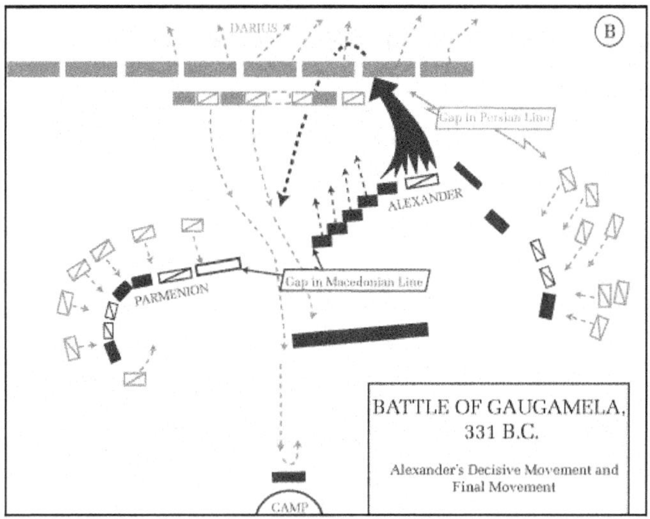

Each army managed to get some combatants into the rear area of the opponent. The forces of Alexander which made it to the rear were more effective.

On the chess board, this would be similar to one opponent getting a queen and rook onto the far side while the other opponent manages only a bishop.

The end result is that the Persians fled the battle field and the Macedonians became the new rulers.

¿Cómo se aplican estas batallas al ajedrez?

Lea la sección titulada "Estrategia de peón" en la primera parte de este libro para empezar.

Luego leer el resto del libro.

How do these battles apply to chess?

Read the section titled 'Pawn Strategy' in Part 1 of this book for starters.

Then read the rest of the book.

Primera parte

¿Cómo está el negro estrategia diferente de la estrategia de blanco?

El mantra oft-cotizada de estrategas de ajedrez hasta este punto ha sido "El centro de Control, ganar el final". Si ambos jugadores este intentan de cada juego, los promedios continuará más pérdidas que el blanco a negro.

Si no cambia nada, no cambia nada.

La lección que aprendemos de las antiguas batallas de Cannas y Gaugamela en donde una fuerza superior fue derrotada en la batalla abierta con una tecnología similar (a pesar del hecho que controló el centro) es que el ganador no tenía que controlar el centro con el fin de alcanzar la victoria. El vencedor permitió al oponente disfrutar de la satisfacción de un centro fuerte. Mientras tanto, el conquistador disfrutaron de la satisfacción de la victoria.

La lección que aprendemos de la batalla de las Termópilas es que cuando sólo un espacio estrecho (por ejemplo, una columna) está abierto para viajar a través del tablero,

Part One

How is The Black Strategy Different from the White Strategy?

The oft-quoted mantra of chess strategists up to this point has been "Control the center, win the endgame." If both players attempt this every game, then the averages will continue to deal Black more losses than White.

If nothing changes, nothing changes.

The lesson we learn from the ancient battles of Cannae and Gaugamela wherein a superior force was defeated on the open battlefield with similar technology (despite the fact that it controlled the center) is that the winner did not have to control the center in order to achieve victory. The victor allowed the opponent to enjoy the satisfaction of a strong center. Meanwhile, the conqueror enjoyed the satisfaction of victory.

The lesson we learn from the battle of Thermopylae is that when only a narrow space (such as one column) is open to travel across the board,

entonces puede ser costosa para el invasor. Esto sucede en el tablero de ajedrez gracias a las constricciones en movimiento cerca del borde del tablero, o con bloques de peones bloqueando rutas alternas. Esto significa que va a costar a tu oponente un gran número de piezas a su rey. Él se quedará con un número insuficiente para tampoco te jaque mate o para evitar que se le dar jaque mate.

then it can be costly for the invader. This happens on the chess board thanks to constrictions on movement near the edge of the board, or with blocks of pawns blocking alternate routes. This means that it will cost your opponent a large number of pieces to get to your king. He will be left with insufficient numbers to either checkmate you or to prevent you from checkmating him.

Refutando la ventaja de mover primero

1. Negra ya ha decidido sobre estrategia. Se decidió antes de Blanca se sentó. Blanca no puede evitarlo.
2. Blanca sólo tiene 4-6 posibles mejores jugadas como la primera 4-6 movimientos, suponiendo que Blanca es jugar a ganar. Si Blanca se desvía, entonces se considera una apuesta y correcta reproducción por Negra empieza a doler Blanca posicionalmente... un camino difícil viajar para Blanca.

   - Para el principiante que no puede aceptar esto como un hecho establecido, te sugiero revisar unos pocos partidos jugados por los maestros.

3. o a cualquier grupo de movimientos hechos por Blanca contra la estrategia Negra:

   a. activar un área de neutralidad (causada por Negra se mueve haciendo que niegan la posible ventaja de Blanca) en el que ningún jugador tiene una ventaja.

Disproving First Move Advantage

1. Black has already decided on strategy. It was decided before White sat down. White cannot prevent it.
2. White only has 4-6 possible best moves as the first 4-6 moves, assuming that White is playing to win. If White deviates, then it is considered a gamble and correct play by Black begins to hurt White positionally... a difficult road to travel for White.
    o   For the beginner who cannot accept this as established fact, I suggest reviewing a few games played by the masters.
3. Any group of moves made by White against the Black strategy will either:
    a. Activate an area of neutrality (caused by Black making moves which negate possible White advantage) in which neither player has an advantage.

b. o le avanzar hacia la derrota como el resultado de muchos pequeños cortes (aka intercambios en la que pierde cualquier pieza equilibrar o posición de neutralidad). Yo digo muchas porque una o dos incisiones pequeñas (como perder un peón o ser incapaz de Castillo) puedan ser compensados por obtener una ventaja posicional.

4. no juzgues potenciales por número de piezas. Dos piezas correctamente colocados (o dos peones, o una pieza y un peón) pueden jaque mate a un oponente que poseen muchas más piezas y peones.

5. Negra tiene opciones, cada una de las cuales se activan en el momento adecuado en el drama del despliegue del juego.

Jaque mate es el golpe decisivo.

b. Or advance him towards defeat as the result of many small cuts (aka exchanges in which he loses either piece balance or position neutrality). I say many because one or two small cuts (such as losing a pawn or being unable to castle) may be offset by gaining a positional advantage.

4. Don't judge potential by number of pieces. Two properly positioned pieces (or two pawns, or a piece and a pawn) can checkmate an opponent possessing many more pieces and pawns.

5. Black has options, each of which get activated at the appropriate time in the unfolding drama of the game.

Checkmate is the decisive blow.

EL resultado final es que Negra tendrá una de las siguientes posiciones después de 10 movimientos.

The Goal is that BLACK will have one of the
following positions after 10 moves.

Negra decide la posición final de la reina y dos caballeros basados en lo que es más prudente, teniendo en cuenta la posición de Blanca.

El primer movimiento de las negras en respuesta a E4 es D6. En respuesta a D4, es E6. Cualquier otra jugada de las blancas es poco probable. Sin embargo, si las blancas eligen una apertura diferente, entonces las negras pueden decidir abandonar al hipopótamo en favor de alguna otra apertura normalmente reservada para las blancas.

La razón es hacer que las blancas se den cuenta de que las negras tienen varias opciones si se enfrentan con un avance de peón central al quinto rango; cada uno conduce a diferentes posibilidades. La imposibilidad de predecir la respuesta negra generalmente causará que las blancas duden en moverse y pasen más tiempo contemplando las posibilidades.

Black decides the final position of the queen and two knights based on what is most prudent considering the White position.

Black's first move in response to E4 is D6. In response to D4, it is E6. Any other move by White is unlikely. However, if White chooses a different opening, then Black may decide to abandon the Hippo in favor of some other opening normally reserved for White.

The reason is to make it so that White realizes that Black has several options if confronted by a center pawn advance to the 5th rank; each leading to different possibilities. The impossibility of predicting the Black response will generally cause White to hesitate in moving, and to spend more time contemplating the possibilities.

Estrategia de peón

Peón formaciones son el tablero de ajedrez equivalente de la falange. El peón individual es débil. Peones adecuadamente estructurados forman una barrera fuerte. Ninguna de las piezas puede fácilmente capturar varios peones sin sí mismo consiguiendo capturado.

Pero una formación fuerte peón hará que tu oponente a perder piezas intentando llegar a su rey.

La estrategia es evitar una confrontación con los peones. La estrategia para los peones es limitar el acceso a la tierra excepto a expensas de Blanca.

No intercambiar ligeramente los peones. Para los peones de tu oponente son enormes activos para su defensa si acorralados correctamente.

Los peones de su oponente se estructurarán como si fueran ladrillos en una pared.

Pawn Strategy

Pawn formations are the chess board equivalent of the phalanx. The individual pawn is weak. Properly structured pawns form a strong barrier. Any of the pieces can easily capture several pawns without itself getting captured.

But a strong pawn formation will cause your opponent to lose pieces trying to get to your king.

The strategy is to avoid a confrontation with the pawns. The strategy for the pawns is to limit access to the homeland except at great expense to White.

Do not lightly exchange pawns. Your opponent's pawns are huge assets to your defense if corralled properly.

The pawns of your opponent shall be arranged as if they were bricks in a wall.

Una abertura deberá ser formada en algún momento a través del cual puede defender o avanzar, dependiendo de las circunstancias. No deje que su oponente elegir el campo de batalla. Obstaculizar todos sus planes. Frustrarlo y hacerle movimientos residuales y tiempo.

Obispo Estrategia de Defensa

BLANCA generalmente envía una pieza (a menudo un obispo) para probar su estrategia defensiva, como:

• Obispo para g5 o b5.

> o Esto debería desencadenar una cierta respuesta predeterminada en la que las negras mueven un alfil al séptimo rango para bloquear y contraatacar, o mueven un caballero al séptimo rango para bloquear (mientras desarrollan simultáneamente piezas fuera de la fila de atrás).

An opening shall be formed at some point through which you can defend or advance, depending on circumstances. Do not let your opponent choose the battleground. Hinder all of his plans. Frustrate him and make him waste moves and time.

Bishop Defense Strategy

WHITE usually sends out a piece (often a bishop) to probe your defensive strategy, such as:

- Bishop to g5 or b5.
  - This should trigger a certain predetermined response wherein Black either moves a bishop to the 7th rank to block and counterattack, or move a knight to the 7th rank to block (while simultaneously developing pieces off of the back row).

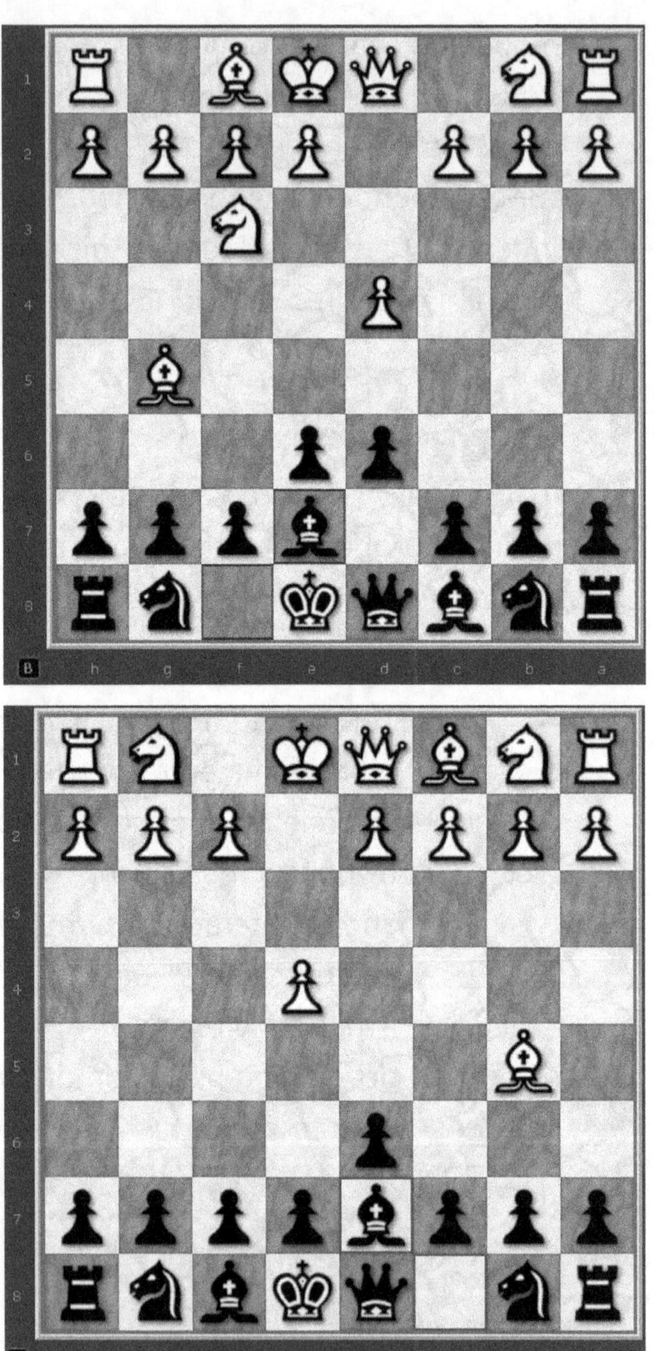

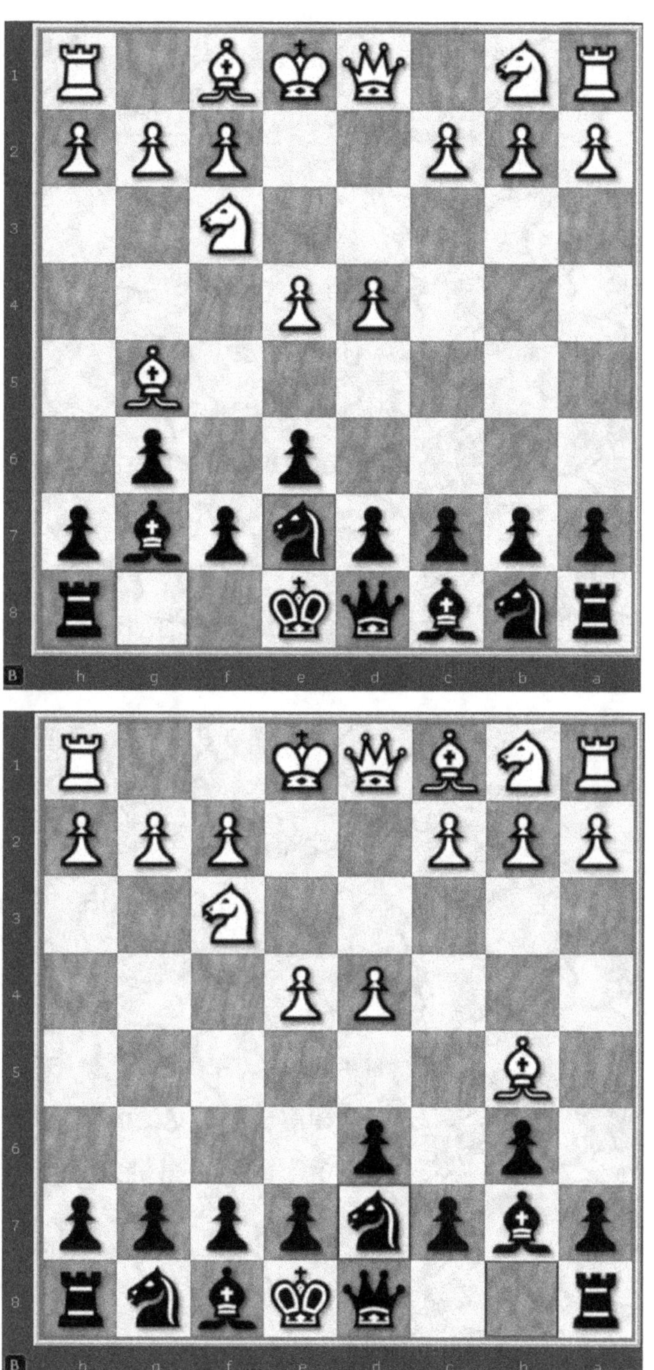

Esta es una excelente manera para que Negra gane la iniciativa. Considera las respuestas.

1. B x B ... Kn x B
   - La acción de Blanca ha ayudado a Negra a desarrollar una pieza de la fila de atrás en una posición que no puede ser atacada rápidamente y está en una buena posición de trampolín desde donde saltar para defender o atacar.
2. Qd2 ... h6
   - Ahora Blanca tiene que volver al plan "1" (la opción anterior a esta) o:
3. Retiro
   - Ahora Blanca ha gastado 2 o 3 movimientos en una maniobra de alfil a ninguna parte. Ahora le toca a Negra iniciar acciones.

This is a great way for Black to gain the initiative. Consider the responses.

1. B x B ... Kn x B
    - White's action has helped Black develop a piece off of the back row into a position which cannot be quickly attacked and is in a pretty good springboard position from which to jump anywhere to defend or attack.
2. Qd2 ... h6
    - Now White has to either go back to plan '1' (the option above this one) or:
3. Retreat
    - Now White has spent 2 or 3 moves on a bishop-to-nowhere maneuver. It is now Black's turn to initiate actions.

Debe tenerse en cuenta que si el jugador negro intercambia obispos con blancos, entonces probablemente no debería atacar al lado que carece de un obispo. La falta de un obispo en la esquina del Rey después del enroque generalmente significa un desastre para un jugador.

Después de mover al Caballero al séptimo rango para bloquear contra ataques del obispo Blanca contra el rey y la reina (que ocurren con bastante frecuencia); Negra debe mover los peones en las columnas A y G para atacar al alfil Blanca. A menos que haya una buena razón para no hacerlo, esto debe hacerse de inmediato.

Nunca se debe permitir que las piezas blancas permanezcan en el lado negro.

It should be noted that if the Black Player exchanges bishops with White, then he should probably not castle to the side which is lacking a bishop. Lacking a bishop in the King's corner after castling generally spells disaster for a player.

After moving the Knight out to the 7th rank to block against White bishop attacks on the king and queen, (which occur quite frequently); Black should next move the pawns on columns A and G out to attack the White bishop. Unless there is good reason not to, this should be done immediately.

White pieces should never be allowed to linger on the Black side.

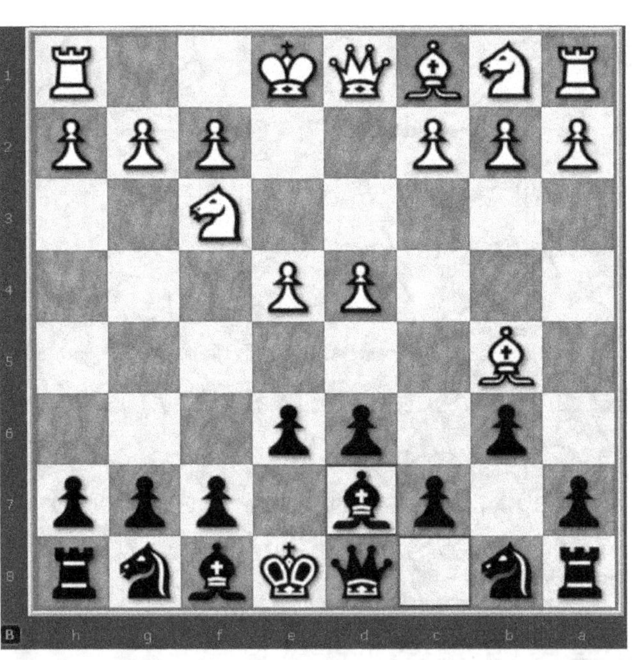

NOTA

NEGRA gana una ventaja aquí.

- Si BLANCA toma al alfil, NEGRA mueve a un caballero o una reina fuera de la fila de atrás, despejando así el camino hacia el castillo o simplemente para avanzar la fuerza hacia el enemigo.

- No importa su próximo movimiento, el siguiente movimiento para NEGRA es a6.

Nunca pongas peones como este.

BLACK gains an advantage here.

- If WHITE takes the bishop then BLACK moves a knight or queen off of the back row, thus clearing the way to castle or simply to advance force towards the enemy.
- No matter his next move the next move for BLACK is a6.

Never put pawns like this.

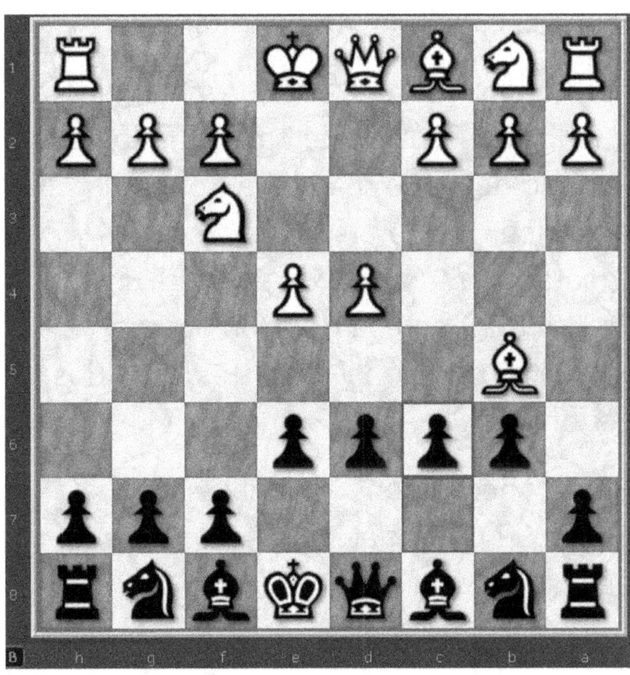

1. Al poner todos esos peones uno al lado del otro, se crea una situación para que Blanca avance un peón y comience a forzar algunos intercambios.
2. El objetivo de Negra es usar peones Blancas como barrera para minimizar las variables.

En otras palabras, Blanca no puede moverse ni tomar sus propios peones.

(Aunque el caballero puede saltar piezas).

Se coloca una 'barrera' para proteger Negra en 2 lados del espacio de batalla (lado de la reina, lado del rey o medio); entonces Negra puede prepararse para atacar, o contraatacar, a través de la abertura. Evita darle a tu oponente la oportunidad de flanquear tu posición y atacarte desde dos direcciones.

El jugador negro debe eliminar en todo momento el potencial de variables que no están a su favor.

Defender en múltiples frentes es una pesadilla.

1 - By putting all of those pawns next to each other a situation is created for White to advance a pawn and start forcing some exchanges.

2 - The goal of Black is to use White pawns as a barrier to minimize variables.

In other words, White cannot move through or take his own pawns.

(Although the knight can jump pieces).

A 'barrier' is positioned to protect Black on 2 sides of the battle space (queen side, king side, or middle); then Black can prepare to attack, or counterattack, through the opening. Avoid giving your opponent the opportunity to outflank your position, and attack you from two directions.

The Black player must at all times eliminate the potential for variables which are not in his favor.

Defending on multiple fronts is a nightmare.

Por el contrario, en algún momento del juego puedes decidir atacar a tu oponente desde 2 direcciones. Esto está bien, siempre y cuando la batalla sea iniciada por ti. No permitas que el jugador blanco haga lo que quiera.

<u>NOTA</u>

Esto rápidamente se vuelve feo para Negra después

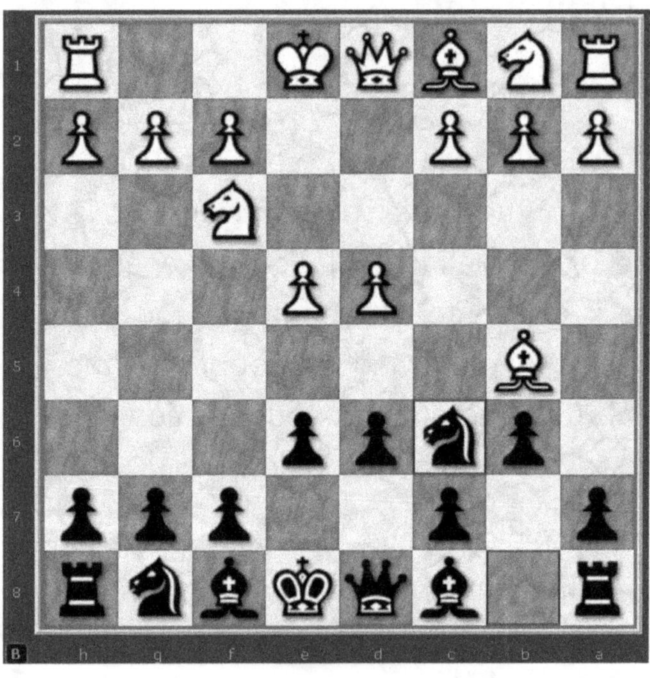

Conversely, at some point in the game you may decide to attack your opponent from 2 directions. This is fine, so long as the battle is initiated by you. Do not allow the White player to do as he wishes.

NOTE

This quickly turns ugly for Black after

1. pd5 - pxp
2. pxp - a6
3. ...

Negra pronto tiene 1 o 2 piezas menos que Blanca.

Más pensamientos sobre la estrategia del obispo

Mientras Blanca gasta tiempo y recursos mentales, Negra se mantiene fresco y rápido al conocer sus primeros 4-8 movimientos. Además, Blanca procede con un poco más de cautela al darse cuenta de que no hay victorias rápidas.

Negra puede moverse de tal manera que Blanca no está forzando nada.

Negra tendrá dos o tres movimientos aparentemente iguales para los primeros 20 movimientos.

Después de que las blancas hayan realizado 25 movimientos (aunque cada uno parece mejor en ese momento),

1. pd5 - pxp
2. pxp - a6
3. ...

Black soon has 1 or 2 less pieces than White.

More Thoughts on Bishop Strategy

While White is spending time and mental resources, Black stays fresh and fast by already knowing his first 4-8 moves. Additionally, White proceeds a little more cautiously as he realizes no quick victories.

Black can move in such a way that White is forcing nothing.

Black will have two or three apparently equal moves for the first 20 moves.

After White has made 25 moves (though each seems best at the time),

la suma de los movimientos puede generar una pequeña ventaja para las negras. Sus fuerzas podrán concentrar su energía colectiva de manera más efectiva, en comparación con Blanca. Esto es así porque Blanca naturalmente debe anunciar su estrategia que luego puede ser despojada fácilmente de su efectividad. Esto es necesariamente cierto porque Blanca siempre debe hacer al menos dos movimientos para llegar al otro lado. Una pieza no es suficiente para obtener la victoria. Las piezas de Negra ya están ahí. Si Negra juega correctamente, entonces la incertidumbre de cualquiera de sus acciones futuras tiene un alto costo en las facultades mentales de Blanca.

Considerar:

Si las blancas mueven un peón al quinto rango y luego intentan reforzar la posición, literalmente intenta controlar un área más grande que las negras; con el mismo número de piezas Esto lo abre a numerosos ataques. Sus piezas están más extendidas.

the sum of the moves can lead to a small advantage for Black. His forces will be able to concentrate their collective energy more effectively, compared to White. This being so because White naturally must advertise his strategy which can then be handily stripped of its effectiveness. This is necessarily true because White must always make at least two moves to get to the other side. One piece is not enough to gain victory. Black's pieces are already there. If Black plays correctly, then the uncertainty of any of his future actions takes a heavy toll on White's mental faculties.

Consider:

If White moves a pawn forward to the fifth rank, and then attempts to reinforce the position, he literally attempts to control a larger area than Black; with the same number of pieces. This opens him up to numerous attacks. His pieces are more spread out.

Su posición no es necesariamente más fuerte como resultado de estar en el quinto rango o controlar más del centro. No hay una clara ventaja para las blancas. Sin embargo, hay muchos desafíos inherentes a esta posición. <u>Las negras</u> <u>no necesitan</u> controlar el centro para evitar la derrota. <u>Las blancas tienen</u> que dar jaque mate al rey negro para obtener la victoria. Las blancas todavía están obligadas a meter algunas piezas dentro de la tierra negra para forzar el jaque mate. Las blancas aún deben sortear sus peones o eliminar algunos peones negros. La estrategia negra es hacer que sea caro. Por lo tanto, las blancas estarán en desventaja real después de 35-45 movimientos y algunas posturas agresivas.

Las negras no tienen que usar tanta energía mental en los primeros 4-8 movimientos de defensa como las blancas deben usar para descubrir un ataque decente que "pueda" producir "ventaja". Digo "mayo" porque el juego preciso de las negras hace que esta tarea sea una "misión imposible".

His position is not necessarily stronger as a result of being on the fifth rank or controlling more of the center. There is no clear advantage for White. There are, however, many challenges inherent in this position. <u>Black does not</u> need to control the center to avoid defeat. <u>White does</u> have to checkmate the Black king for victory. White is still obliged to get some pieces inside Black land to force checkmate. White must still get around his pawns or remove some Black pawns. The Black strategy is to make it expensive. Thus White will be at a real disadvantage after 35-45 moves and some aggressive posturing.

Black does not have to use as much mental energy in the first 4-8 moves for defense as White must use to figure out a decent attack which 'may' yield 'advantage'. I say 'may' because accurate play by Black makes this task a 'mission impossible.'

Las blancas se conformarán con un empate o intentarán algo atrevido. Las negras deben estar atentas para mantener suficientes piezas en su lugar para frustrar esto y también para mantener algunas piezas moviéndose para posicionarse en un juego final donde la victoria se puede encontrar ya sea por el blanco de jaque mate o por el blanco. O tal vez se logra un empate. Un empate para las negras es una victoria. Es una victoria menos para un oponente que creía que tenía una ventaja al principio.

Considere más.

**** Una vez que las blancas han movido una pieza dos veces (por ejemplo, las blancas mueven a un alfil para atacar al rey o la reina negros, y luego retroceden después de ser desafiado por un peón o pieza negra), él está en una nueva tierra.

White will either settle for a draw or attempt something daring. Black must be vigilant to keep just enough pieces in place to thwart this and to also keep some pieces moving around to position for an endgame where victory can be found either through checkmating White or White running out of time. Or perhaps a draw is achieved. A draw for Black is a victory. It is one less victory for an opponent who believed he had an advantage at the beginning.

Consider further.

**** Once White has moved a piece twice (for example White moves a bishop out to attack the Black king or queen, and then moves backwards after being challenged by a Black pawn or piece), he is in a new land.

El negro puede:

> 1. Monta un desafío, o

> 2. Empuje un peón para disuadir más incursiones blancas en el lado negro del tablero.

Ahora las Blancas pueden proceder a atacar e intercambiar por igual, o puede retirarse.

Retirarse significa que las blancas han usado dos o tres movimientos en una pieza. Mientras tanto, las negras se han movido dos o tres piezas después de 2 o 3 movimientos. En esencia, las negras desarrollan piezas en posiciones listas para la batalla de manera más eficiente que las blancas. Ahora las negras han aumentado las oportunidades de iniciar intercambios favorables.

Black can either:

1. Mount a challenge, or
2. Push a pawn out to deter further White incursions onto the Black side of the board.

Now White can proceed to attack and exchange equally, or he can retreat.

Retreating means White has used two or three moves on a piece. Black, meanwhile, has moved two or three pieces after 2 or 3 moves. In essence, Black develops pieces into battle-ready positions more efficiently than White. Now Black has increased opportunity to initiate favorable exchanges.

Observar

En esta situación, las cosas parecen casi iguales. Parece que las blancas controlan el centro y tienen más opciones. Pero note la posición.

- o Las blancas no pueden pasar una pieza por encima de las defensas negras para hacer daño a los peones o forzar el jaque mate.
- o Las blancas no pueden forzar ninguna victoria.

Observe

In this situation, things seem mostly equal. It looks like White controls the center and has more options. But notice the position.

- o White cannot get a piece past the Black defenses to do damage to pawns or force checkmate.
- o No Win can be forced by White.

- o Las Negras pueden mover repetidamente una pieza u otra para frustrar cualquier plan blanco (que necesariamente debe anunciar una acumulación de las 2 o 3 piezas en algún objetivo claramente entendido).
- o Los peones no pueden esperar obtener ventaja en esta ilustración sin ayuda

El hecho de que las negras hayan ubicado estratégicamente sus piezas se entiende rápidamente.

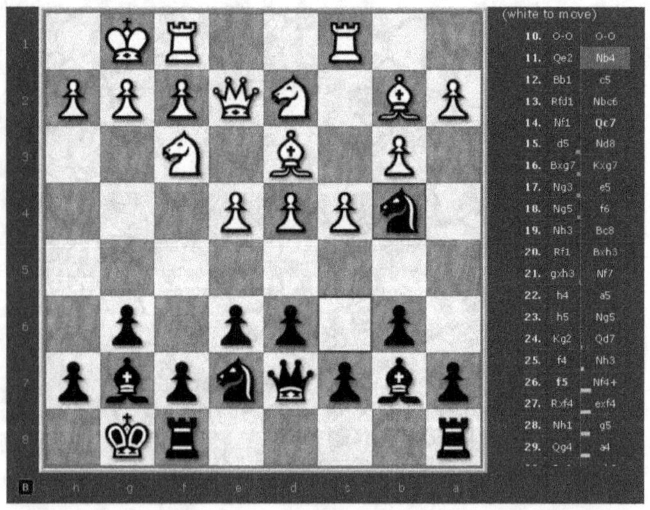

En el siguiente movimiento, las negras toman la iniciativa amenazando a un alfil y un peón.

- Black can repeatedly move one piece or another to in order to thwart any White plan (which must necessarily advertise a buildup of the 2 or 3 pieces onto some clearly understood objective.
- The pawns cannot hope to gain advantage in this illustration without aid.

That Black has strategically located his pieces is understood quickly.

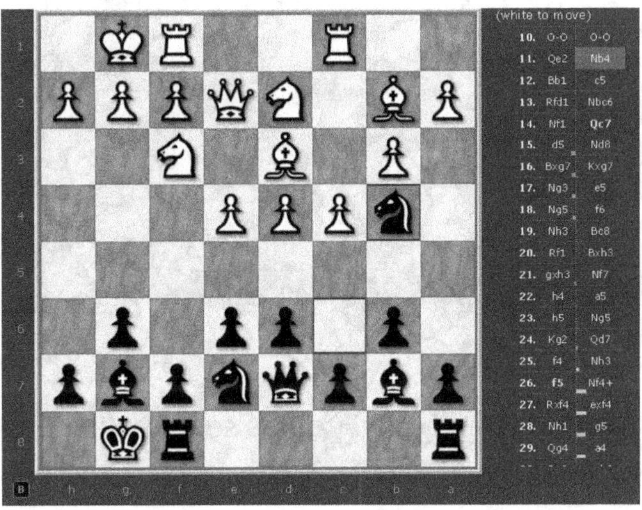

In the next move Black takes the initiative by threatening a bishop and a pawn.

A medida que avanza el juego, las negras guían a los peones hacia una falange impenetrable. El rey negro está a salvo porque las piezas blancas no pueden maniobrar alrededor o a través de sus propios peones para entregar fuerza al rey negro.

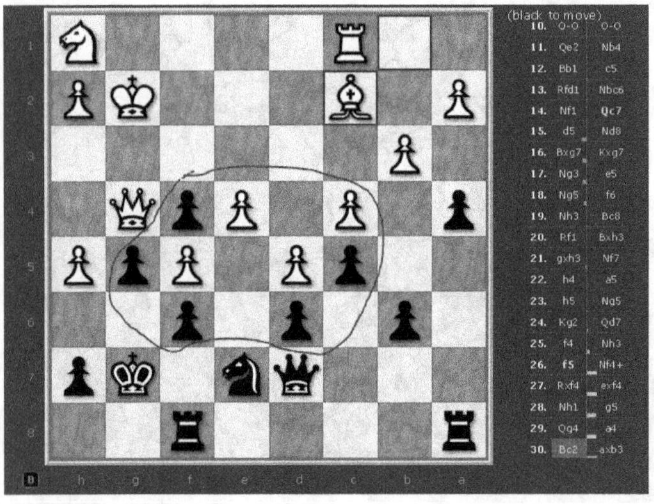

Finalmente, las piezas negras se mueven hacia el lado derecho del tablero rápidamente (en 7 movimientos) en número suficiente para abrumar a las defensas allí.

91

As the game progresses, Black guides the pawns into an impenetrable phalanx. The Black king is safe because the White pieces cannot maneuver around or through their own pawns in order to deliver force to the Black king.

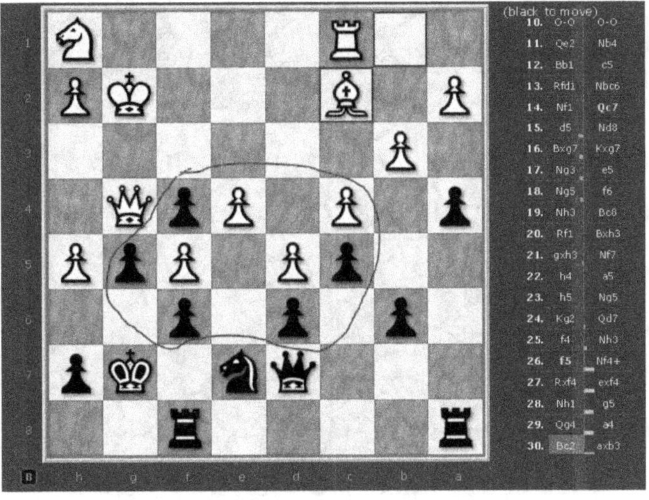

Finally, the Black pieces shift to the right side of the board quickly (in 7 moves) in sufficient numbers to overwhelm the defenses there.

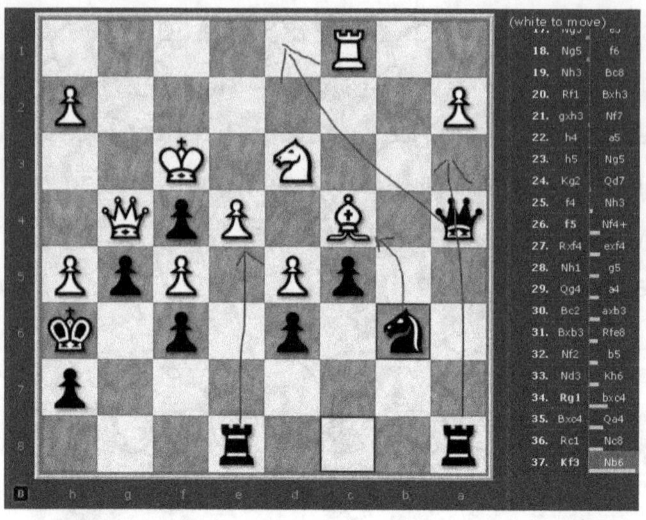

Como en la batalla de Gaguéamela, el rey blanco debe renunciar o ser jaque mate.

Medio Juego

Finalmente, las blancas mueven un peón en tu dirección. En este punto (el punto en el que está moviendo un peón hacia adelante con fines estratégicos), debe tener dos peones esperando para poder mover uno hacia adelante y poner otro ladrillo en la pared.

Queremos restringir sus posibles ataques a una columna estrecha y fácilmente defendida, o permitirle un intento de cambiar una pieza por algunos peones y una buena posición.

93

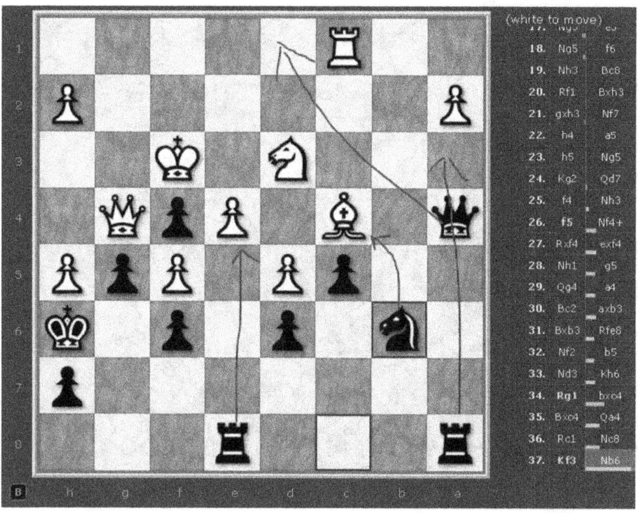

As in the battle of Gaugamela the White king must resign or be checkmated.

Middle Game

Eventually, White moves a pawn in your direction. By this point (the point where he is moving a pawn forward for strategic purposes) you should have two pawns waiting so that you may move one forward to put another brick in the wall.

We want to restrict his possible attacks to a narrow easily defended column, or allow him an attempt to exchange a piece for some pawns and a good position.

Esta maniobra pieza por peones y posición se basa generalmente en la esperanza de que LAS BLANCAS obtengan una gran posición con el intercambio. Desde esta posición. LAS BLANCAS pueden forzar un estado de coacción mental sobre LAS NEGRAS ante un ataque constante. Se espera que esto haga que algunas de LAS piezas NEGRAS estén lejos de la acción, mientras que LAS piezas BLANCAS tienen una ventaja numérica y posicional con respecto al REY NEGRO.

Trampas para Evitar

- No mueva su caballo o alfil al rango 6 en el que las blancas pueden empujar un peón hacia adelante para desafiar simultáneamente la pieza y un peón. Después de esto, sigue una serie de peones perpetuos y empujes de piezas, cada uno de los cuales desafía a tu pieza a luchar o correr. Mientras tanto, las blancas avanzan sus piezas y abren nuevas líneas de ataque. Dudo que alguna vez veas a los Maestros ponerse en esa posición. Tú tampoco deberías.

This piece-for-pawns-and-position maneuver is generally grounded in the hopes that WHITE will gain a great position from the exchange. From this position. WHITE can force a state of mental duress onto BLACK from constant attack. It is hoped that this will cause some of the BLACK pieces to be far from the action while the WHITE pieces have a numerical and positional advantage relative to the BLACK king.

Traps to Avoid

- Don't move your Knight or Bishop to rank 6 whereby White can push a pawn forward to simultaneously challenge the piece and a pawn. After this, there follows a series of perpetual pawn and piece pushes which each challenge your piece to either fight or run. All the while White is advancing his pieces and opening new lines of attack. I doubt that you will ever see the Masters putting themselves into that position. Neither should you.

- No use sus alfiles en g7 o b7 para tomar un caballo (en f3 o c3) si su objetivo principal es doblar y aislar los peones que pertenecen a Blanco. El peón doblado le da más poder en el centro. El espacio abierto ayuda a su torre a atacar las defensas Negras. El vacío en su defensa causado por la ausencia del alfil dañará su posición poco después. Si el alfil está en el lado del rey, el daño a tus defensas suele ser fatal. Jaque mate en menos de 10 movimientos, o posiblemente solo en una posición estresada.

- Don't use your bishops on g7 or b7 to take a knight (on f3 or c3) if your primary goal is the doubling and isolating of pawns belonging to White. The doubled pawn gives him more power in the center. The open space helps his rook attack Black defenses. The hole in your defense caused by the absence of the bishop will hurt your position soon after. If the bishop is king side then the damage to your defenses is usually fatal. Checkmate in less than 10 moves, or possibly just a stressed position.

Juego de la Temporada: un Gran Maestro nos Muestra el Camino

En Septiembre de 2000, el GM Anthony Miles usó efectivamente el Hippo para derrotar al GM Alexander Baburin. Este juego le ganó póstumamente el premio "Juego de la Temporada".

1.d4 e6 2.c4 b6 Una Defensa Inglesa, pero pronto se transpone a un hipopótamo.

Game of the Season - A Grandmaster Shows us the Way

In September 2000, GM Anthony Miles effectively used the Hippo to defeat GM Alexander Baburin. This game posthumously won him the "Game of the Season" award.

1.d4 e6 2.c4 b6 An English Defense, but it soon transposes to a Hippopotamus.

3.a3 g6 4.Nc3 Bg7 5.e4 Ne7
6.Nf3 Bb7 7.Bd3 d6 8.0-0 Nd7

**9.Re1 h6 10.h3 a6 11.Be3 g5
12.Rc1 c5 13.d5 Ng6 14.Bc2 Qe7**

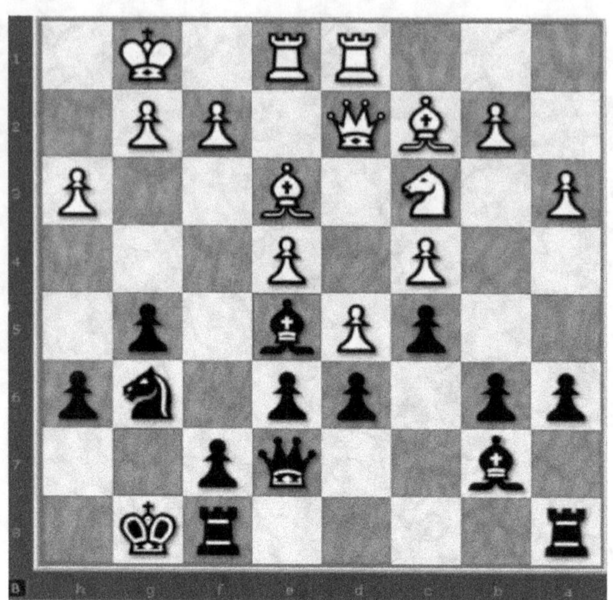

**15.Qd2 0-0 16.Rcd1 Nde5 17.Nxe5 Bxe5
18.Bd3 Qf6 19.Na4 Rab8 20.Nxb6 Bc8**

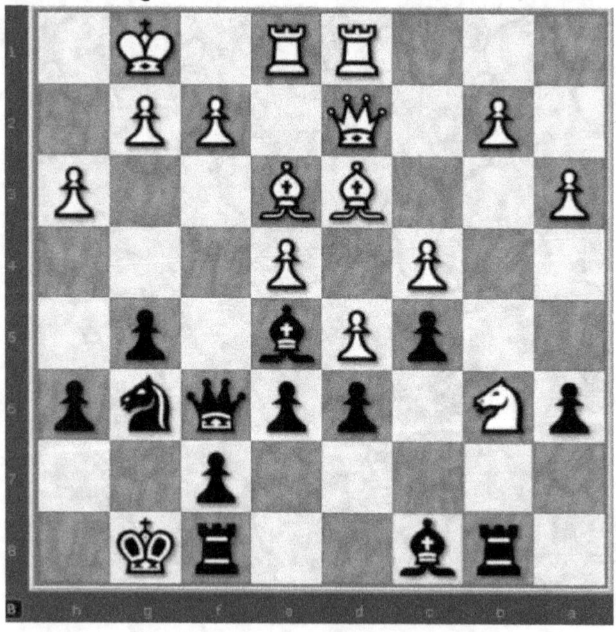

21.

Na4

If 21.Nxc8 Rxb2! 22 Qa5 Rxc8 23 Qxa6 Rcb8
followed by ...Nf4 and ...Bd4. (notes by John B.
Henderson) **Bd7 22.Nc3 Rb3 23.Rb1 Rfb8**

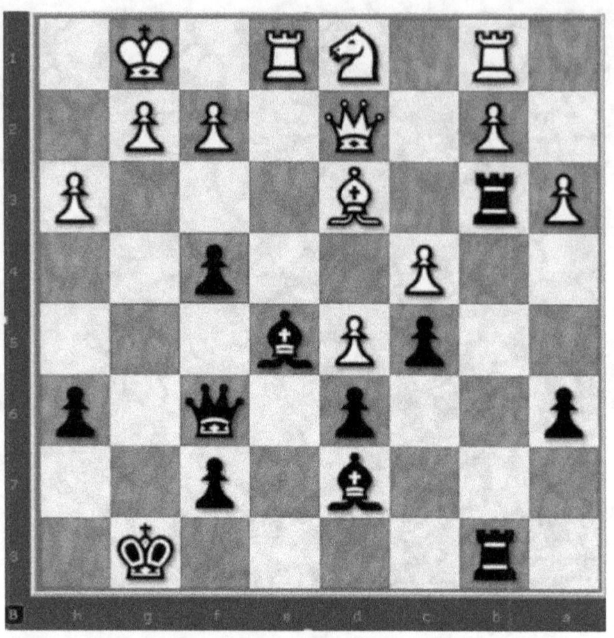

24.Nd1 exd5 25.cxd5 Nf4 26.Bxf4 gxf4 27.Bc2 Rxh3! 28.gxh3 Kh8

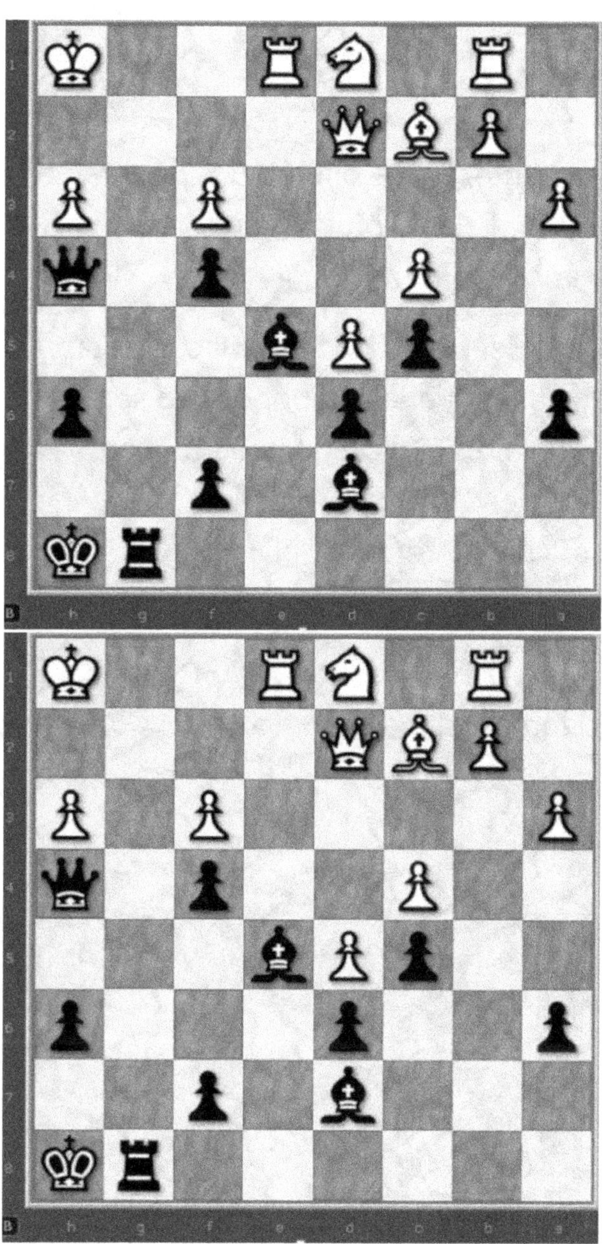

29.f3 Rg8+ 30.Kh1 Qh4 0–1

En este punto, White dimite. El hipopótamo ha surgido de las profundidades para dominarlo.

Raymond Keene y G. S. Botterill comentan: "La fuerza que tiene el hipopótamo se deriva de la resistencia de una posición reducida pero no comprometida, y los peligros que correrán las blancas de 'esforzarse demasiado' y ser tentados a avanzar precipitadamente".

Este juego prueba ese punto.

29.f3 Rg8+ 30.Kh1 Qh4 0–1

At this point, White resigns. The Hippo has risen from the depths to overpower him.

Raymond Keene and G. S. Botterill remark, "Such strength as the Hippopotamus has derives from the resilience of a cramped but not compromised position, and the dangers White will run of 'trying too hard' and being tempted into a rash advance."

This game proves that point.

Segunda parte

Estrategia general del ajedrez

Y ahora les presento Estrategia Ajedrecística en detalle. La táctica y estrategia que delineará son útiles para cualquier situación de ajedrez. Uno no debe preocuparse de lo que hizo la maestría en la misma posición exacta en algún juego olvidada. Uno puede examinar la Junta Directiva y acordar una estrategia sin preocuparse demasiado por lo que el adversario está planeando. Con esta forma de pensar sobre el ajedrez uno puede mantenerse fresco mentalmente, no gastar cantidades desmedidas de tiempo postulando las posibilidades. En verdad tu oponente tiene solamente cerca de 3 movimientos probables. Si juegas fuertemente, tiene sólo uno o dos movimientos. Todos los otros movimientos son débiles y le permite obtener una ventaja. Estas tácticas simples llevará a Victoria el 85% del tiempo, siempre no hay errores obvios. Se ha demostrado que en el tenis dos tercios de puntos vienen de meteduras de pata de un oponente. Esto es cierto en el ajedrez, al menos en los escalones más bajos.

Part Two

General Chess Strategy

And now I present Chess Strategy in detail. The tactics and strategy I will outline are useful for any chess situation. One need not worry about what the masters did in the exact same position in some long forgotten game. One can examine the board and decide on a strategy without worrying much about what the opponent is planning. With this way of thinking about chess one can stay fresh mentally, not spending inordinate amounts of time postulating the possibilities. In truth your opponent has only about 3 likely moves. If you play strongly, he has only one or two moves. All other moves are weak and will allow you to gain advantage. These simple tactics will lead to victory 85% of the time, provided there are no obvious blunders. It has been shown that in tennis two-thirds of points come from an opponent's blunders. This is true in chess as well, at least in the lower echelons.

Primero evitar errores. En segundo lugar, seguro y capitalizar los errores de su oponente. Los jugadores fuertes no querrán jugar contigo hasta que has demostrado que puedes ganar muchos juegos. Por entonces, reconocerá fácilmente los patrones y las situaciones y las debilidades en las posiciones.

Para ganar en ajedrez requiere que uno se acumula pequeñas ventajas. Nunca serás testigo de la derrota del adversario como resultado de una jugada decisiva, a menos que el oponente no comparece para el juego y pierde por defecto. Se requiere un mínimo de cuatro movimientos. Cualquier jaque mate estará precedido por una serie de movimientos. Jaque mate requiere necesariamente que el rey no puede moverse fuera de jaque y no puede neutralizar o bloquear la pieza que está comprobando lo. Es obvio entonces que el partido vencido terminó en una posición desventajosa.

So first avoid blundering. Second, play safe and capitalize on your opponent's blunders. Strong players will not want to play you until you have proved that you can win many games. By then, you will easily recognize patterns and situations and weaknesses in positions.

To win in chess requires that one accumulate small advantages. You will never witness the defeat of an opponent as a result of one decisive move, unless the opponent fails to appear for the game and loses by default. Any checkmate will be preceded by a series of moves. Checkmate necessarily requires that the King cannot move out of check and cannot neutralize or block the piece which is checking him. It is obvious then that the vanquished party has ended up in a disadvantageous position.

Ahora bien, una vez que usted ha entendido la idea de que la victoria sigue la acumulación de pequeñas ventajas, usted no debe dudar en tomar una pequeña ventaja cuando sea posible si no está nada cerca de jaque mate a tu oponente. Generalmente comienza con un intercambio de piezas, más probable es que los obispos o caballeros. Muchas veces este simple intercambio, si se realiza en el momento oportuno, producirá a algún tipo de desventaja peón para tu oponente. Será conseguir un peón libre, o hacer que tu oponente apilar dos peones en la misma columna o filamento de uno de los peones de tu oponente solos en una columna sin un respaldo peón para protegerlo. Cada una de estas pequeñas victorias debilitará a tu oponente y limitar sus opciones. Si continúas obtener pequeñas ventajas o simplemente intercambiar piezas hasta el final, entonces estarás en condiciones de intercambio uno de sus peones para una reina antes de que tu oponente pueda hacer lo mismo. Victoria seguramente seguirá.

Now then, once you have understood the idea that victory follows the accumulation of small advantages, you should not hesitate to take a small advantage when possible if you are nowhere close to checkmating your opponent. It usually starts with an exchange of pieces, most likely Bishops or Knights. Many times this simple exchange, if conducted at the appropriate time, will yield some sort of pawn disadvantage for your opponent. You will either get a free pawn, or cause your opponent to stack two pawns in the same column, or strand one of your opponent's pawns alone in a column without a backup pawn to protect it. Each of these small victories will weaken your opponent and limit his options. If you continue to gain small advantages or simply trade pieces down to the end, you will then be in a position to exchange one of your pawns for a Queen before your opponent can do the same. Victory will surely follow.

Pensemos en el final del juego por un momento. La estrategia necesariamente debería tener en cuenta qué piezas podría tener en la fase final. Específicamente, la estructura de peones es muy importante. Peones en hileras adyacentes son fuertes. Los peones que están solos son débiles. Si uno tiene dos peones uno junto al otro diagonalmente (quien protegía a la otra) y el oponente tiene un rey, entonces va a ser imposible para el rey capturar a ambos. Cuando el rey captura el peón hind, el fore-empeño será capaz de llegar al otro lado y convertirse en una reina. El rey no será capaz de prevenir esto. Los peones solos son fácilmente capturados y extraídos del espacio de batalla.

Usted no puede jaquemate con sólo un caballero o sólo un obispo. Teniendo ambos tendrá unos 35 movimientos si ha practicado. Si usted nunca ha practicado, usted probablemente no será capaz de figura en 52 menores se mueve. Una vez que han ocurrido 52 jugadas sin un pedazo de ser capturado, es un empate.

Let us think about the endgame for a moment. One's strategy should necessarily take into account what pieces he might have at the endgame. Specifically, pawn structure is very important. Pawns on adjacent rows are strong. Pawns which are alone are weak. If one has two pawns next to each other diagonally (one protecting the other), and the opponent has a King, then it will be impossible for the King to capture both. When the King captures the hind-pawn, the fore-pawn will be able to get to the other side and become a Queen. The King will not be able to prevent this. Single pawns are easily captured and removed from the battlespace.

You cannot checkmate with only a Knight or only a Bishop. Having both will take about 35 moves if you have practiced. If you have never practiced, you will probably not be able to figure it out in under 52 moves. Once 52 moves have transpired without a piece being captured, it is a draw.

El juego se dibuja, sobre una afirmación correcta por el jugador que está en juego, si

A. escribe en su hoja de puntuación y el árbitro declara su intención de hacer un movimiento que deberá resultar en los 50 últimos movimientos ha sido hechos por cada jugador sin el movimiento de cualquier peón y sin la captura de cualquier pieza, o

B. las último 50 jugadas consecutivas han sido hechas por cada jugador sin el movimiento de cualquier peón y sin la captura de cualquier pieza.

El obispo peón protección duo es una fuerza poderosa. Protegen mutuamente. No tienes que pensar más en ello. El poder de obispo proyectos en todos los ámbitos, frustrando los opositores intentan esquina y jaque mate te. No quiere negociar una torre o una reina para el obispo.

The game is drawn, upon a correct claim by the player having the move, if

A. He writes on his score sheet, and declares to the arbiter his intention to make a move which shall result in the last 50 moves having been made by each player without the movement of any pawn and without the capture of any piece, or

B. The last 50 consecutive moves have been made by each player without the movement of any pawn and without the capture of any piece.

The bishop pawn protection duo is a powerful force. They protect each other. You don't have to think about it anymore. The bishop projects power across the board, thwarting the opponents attempt to corner and checkmate you. He doesn't want to trade a Rook or Queen for the Bishop.

Tácticas para cualquier posición de ajedrez
Ojos distancia del objetivo

Tampoco no tiene un plan o hacer. Si no tienes un plan de ataque, entonces debe planea jugar seguro y en cada movimiento considerar cómo puede explotar las debilidades de su oponente o evitar que sus planes causando daño. No mirar demasiado en los detalles de la junta. Debes ver el panorama. Demasiado tiempo mirando un detalle hará que usted se desconcertados y olvidar el panorama y los fundamentos. Cuando usted está planeando y posicionamiento para un ataque a una posición en particular o un pedazo, no mirar atentamente lo. Tu oponente se dará cuenta y va a dedicar recursos extra mentales que le impide triunfar. En cambio, una simple mirada a la zona. Luego mirando otra área por un tiempo después de que has desarrollado un plan. Su oponente será ser engañado por los ojos. Va a dedicar tiempo y facultades mentales para analizar las posibilidades que implica el área donde cree que están planeando algo. Será confundido o distraído.

Tactics for any Chess Position

Eyes away from the target

You either do not have a plan or you do. If you do not have a plan of attack then you should plan to play safe and at every move consider how you can exploit your opponent's weaknesses or prevent his plans from causing you harm. Do not stare too long at the details of the board. You must see the big picture. Staring too long at a detail will cause you to become bewildered and to forget the big picture and the fundamentals. When you are planning and positioning for an attack on a particular position or piece, do not gaze intently at it. Your opponent will notice and will devote extra mental resources to preventing you from succeeding. Instead, simply glance at the area. Then stare at another area for a while after you have developed a plan. Your opponent will be misled by your eyes. He will devote time and mental faculties to analyzing the possibilities involving the area where he thinks you are planning something. He will become confused or distracted.

Eliminar la estructura de soporte

Cada general sabe acosando a las líneas de alimentación y eliminar la estructura de soporte del enemigo severamente obstaculizará la capacidad del enemigo para funcionar eficazmente. Su oponente en el ajedrez tiene piezas que son protegidos por otras piezas. Naturalmente lo toma por sentado que las piezas estén a salvo. Caja fuerte implica simplemente que si usted toma mi pieza, entonces tomaré tu pieza. Sin embargo, si usted

1. línea múltiples amenazas,
    a. luego proceder a atacar las diferentes posiciones en el orden correcto,
        i. y luego tu oponente descubrirá que puede perder una pieza sin obtener algo a cambio.

    Esto sucede porque él estaba contemplando los diversos escenarios (pensar "si lo hace, lo haré") con construido en suposiciones acerca de la seguridad de varias piezas.

Eliminate the support structure

Every general knows that harassing the supply lines and eliminating the support structure of the enemy will severely hamper the enemy's ability to function effectively. Your opponent in chess has pieces which are protected by other pieces. He naturally takes it for granted that the pieces are safe. Safe simply implies that if you take my piece, then I will take your piece. However, if you

1. line up multiple threats,
    a. then proceed to attack the various positions in the correct order,
        i. Then your opponent will discover that he can lose a piece without getting a piece in return.

        This happens because he was contemplating the various scenarios (thinking "if he does this, I'll do that") with built in assumptions about the safety of various pieces.

El juego correcto en el orden de las operaciones puede causar a los opositores piezas cambiar ubicación. Esto es especialmente cierto si dos de sus oponentes 'de los escenarios posibles" estaban usando el mismo peón o pieza para hacer dos diferentes otras piezas seguros. Entonces usted causa ambos escenarios a ocurrir y el oponente pierde una pieza y gana a un nuevo amigo en tu lado del tablero.

Jugar por un empate, conseguir una victoria

Jugar para un sorteo significa que tome a tus oponentes pedazos cuando se adapta a su plan. Usted no debe rehuir intercambio de piezas. Muchas veces no hay grandes movimientos. Así que jugar a lo seguro. No trate de alcanzar con la esperanza de que tu oponente hará un movimiento que te favorece. Espero que no lo hará. No tengas miedo de lo jugar a seguro, si no no juega bien.

Your correct play in order of operations can cause the opponents pieces to change location. This is especially true if two of your opponents 'possible scenarios' were using the same pawn or piece to make two different other pieces safe. Then you cause both scenarios to happen and the opponent loses a piece and gains a new friend on your side of the board.

Play for a Draw, Get a Win

Play for a draw means that you will take your opponents pieces when it suits your plan. You must not shy away from exchanging pieces. Many times there are no great moves. So play it safe. Do not over-reach in the hopes that your opponent will make a move which favors you. Expect that he will not. Do not be afraid to play it safe if there are no good plays.

Mira lo que tu oponente es capaz de hacer o te obliga a hacer. Si juegas seguro, tu oponente se aburrirá y trate de hacer alguna acción. Que alcance excesivo y gamble. Su apuesta vendrá a menudo bajo la forma de iniciar una serie de intercambios en el cual él acabará con dos de sus peones para una de sus piezas. Esto puede tomar 3 ó 4 movimientos. Es difícil mirar más allá de 3 ó 4 movimientos. Espera obtener una ventaja posicional para compensar la desventaja de la pieza. Si tu rey es en la esquina, entonces su plan bien puede tener éxito. Si castillo en la otra esquina al final del intercambio, entonces sus obras serán desorganizados y debilitados. Sus peones estará fuera de su camino y usted puede traer sus castillos y otras piezas en la lucha para destruir sistemáticamente su posición. Entonces puedes obtener la ventaja y ganar al final. Este es el camino para Negra aumentar sus posibilidades de ganar. Supongamos que tus trucos serán descubiertos y te dejan en una posición debilitada desde que la recuperación será difícil. Consolidar su defensa y equilibrar sus fuerzas. Prepararse para una batalla.

Look at what your opponent is capable of doing or forcing you to do. If you play it safe, your opponent will get bored and attempt to get some action going. Let him over-reach and gamble. His gamble will often come in the form of initiating a series of exchanges in which he will end up with two of your pawns for one of his pieces. This may take 3 or 4 moves. It is difficult to look beyond 3 or 4 moves. He hopes to gain a positional advantage to compensate for the piece disadvantage. If your King is in the corner, then his plan may well succeed. If you castle to the other corner at the end of the exchange, then his pieces will be disorganized and weakened. Your pawns will be out of your way and you can bring your castles and other pieces into the fight to systematically destroy his position. Then you can gain the advantage and win in the end. This is the way for Black to increase his chance of winning. Assume that your tricks will be discovered and leave you in a weakened position from which recovery will be difficult. Consolidate your defense and balance your forces. Prepare them for a battle.

Deja que el oponente no saber de qué lado hará el castillo a. Engrane y debilitar su batida. Entonces empezar a planear algunas huelgas seguros. Será frustrado y jugar más. La victoria será suya.

No espero; Preparar

Cuando las cosas se ponen feas para ellos, la gente a veces dice "Pensé que mi oponente haría tal movimiento". No. Eso no es exacto. Se esperaba que su oponente hiciera un cierto movimiento que permitiría su plan para conseguir una ventaja.

Espero que no. Saber cuáles son los movimientos de tu oponente. Mira a tu alrededor. Intencionalmente consideran improbable que se mueve y sus consecuencias inmediatas. Considere lo que crees es la mejor jugada de tu oponente. Considere lo que se mueve que no quieres que tu oponente para hacer. Considere cómo estos movimientos lo afectarán. Espero que no. Preparar. Se preparan para defender su posición o prepararse para cambiar su estrategia.

Let the opponent come to you not knowing which side you will castle to. Engage and weaken his raiding party. Then start planning some safe strikes. He will be frustrated and gamble more. Victory will be yours.

Do Not Hope; Prepare

When things get ugly for them, people sometimes say 'I thought my opponent would make such and such move.' No. That is not accurate. You hoped your opponent would make a certain move which would enable your plan to gain you an advantage.

Do not hope. Know what your opponent's possible moves are. Look around. Intentionally consider unlikely moves and their immediate consequences. Consider what you think is your opponent's best move. Consider what moves that you do not want your opponent to make. Consider how these moves will affect you. Do not hope. Prepare. Prepare to defend your position or prepare to change your strategy.

Control de tu oponente

Finalmente tiene un plan decente que desea ejecutar, pero no son bien piezas de tu oponente. Hacer algunos movimientos preliminares que causan tu oponente mover las piezas de tu camino antes de configurar para el ataque.

Por no impedir sus avances antes de que les hace perder el jugadas de tu oponente. Es útil para permitirle avanzar un pedazo, que luego amenazas con un avance del peón. El resultado es que le dedicó dos jugadas; uno para mover la pieza y un segundo para volver a la pieza. Mientras tanto, sólo pasó un movimiento que se había planeado para moverse.

No deje que piezas de tu oponente residencia de tu lado, especialmente su caballero. Estas piezas de mover o cambiar inmediatamente la fuerza. No deje que su oponente se instaló en su lado del tablero. Esto no se aplica a su obispo si está bloqueado por su peón que a su vez está bloqueado por sus peones. En esta posición su obispo es inútil.

Control your opponent

You finally have a decent plan which you would like to execute, but your opponent's pieces are not just right. Make some preliminary moves which cause your opponent to move those pieces out of your way before you set up for the attack.

Waste your opponent's moves by not preventing his advances before he makes them. It is useful to allow him to advance a piece, which you then threaten with a pawn advance. The result is that he spent two moves; one to move the piece and a second to move the piece back. Meanwhile, you only spent one move which you had planned to move anyways.

Do not let your opponent's pieces take up residence on your side, especially his knight. Force these pieces to move or exchange immediately. Do not let your opponent set up shop on your side of the board. This does not apply to his bishop if it is blocked by his pawn which is in turn blocked by your pawns. In this position his bishop is useless.

Si no está ejerciendo influencia en el territorio de tu oponente y amenazando con tomar sus piezas entonces el obispo es en el lugar equivocado.

No dejes que tu oponente controle. Cuando tu oponente ofrece intercambio de piezas, buscar una alternativa. Tú oponente busca solamente la victoria. No está en su mejor interés para seguir la pista de tu oponente. Él dirigirá a Jaque mate.

Trabajo en equipo

Existe un equipo dinámico en el ajedrez. Sus torres actuando juntos como un equipo son una fuerza imparable en el final del juego. Se protegen unos a otros y tiene un efecto sinérgico. Solo, son vulnerables. Cuando se decide a tomar a tus oponentes piezas, intente separar sus torres. Ponerlos en columnas y filas diferentes. Se vuelven débiles.

If it is not exerting influence into your opponent's territory and threatening to take his pieces then your bishop is in the wrong place probably.

Do not let your opponent control you. When your opponent offers to exchange pieces, look for an alternative. Your opponent seeks only victory. It is not in your best interest to follow your opponent's lead. He will lead you to checkmate.

Teamwork

There exists a team dynamic in chess. Your Rooks acting together as a team are an unstoppable force in the endgame. They protect each other and have a synergistic effect. Alone, they are vulnerable. When deciding to take your opponents pieces, attempt to separate his Rooks. Put them into different rows and columns. They become weak.

Los caballeros pueden ser un poderoso equipo. Cuando dos caballeros protegen unos a otros, inmediatamente pueden cambiar la dinámica del juego. No tienes que preocuparte por ellos. Puede frustrar cualquier ataque y pueden causar estragos en las piezas del enemigo.

Mayoría de los opositores parece que no desea cambiar a su reina por una torre. Se mueven sus torres y los obispos audazmente pensando la Junta que se retirará para salvar a su reina. Esto ha llevado a muchas personas a la derrota contra mí. Mira a tu alrededor. ¿Tienes una ventaja de peón? ¿Estás seguro de reina tu oponente? Estaré encantado de intercambiar a su reina para dos torres siempre. Estaré encantado de intercambiar a su reina por una torre y un alfil la mayoría del tiempo. Esto mata el potencial ofensivo de su rival. Cuando pierde sus dos piezas para tu reina, han interrumpido su plan. Ha llevado su iniciativa y destruyó su equilibrio. Sin embargo a menudo creerá que ha ganado la ventaja por conseguir su reina (y mantener su propia).

Your knights can be a powerful team. When two knights protect each other, they can immediately change the dynamics of the game. You do not have to worry about them. They can thwart any attack and they can wreak havoc on the enemy's pieces.

Most opponents think that you will not want to exchange your Queen for a Rook. They move their Rooks and bishops boldly about the board thinking you will retreat to save your Queen. This has led many people to defeat against me. Look around. Do you have a pawn advantage? Are you safe from your opponent's Queen? Be happy to exchange your Queen for two rooks always. Be happy to exchange your Queen for a Rook and a Bishop most of the time. This kills your opponent's offensive potential. When he loses his two pieces for your Queen, you have disrupted his plan. You have taken away his initiative and destroyed his equilibrium. Yet he oftentimes will believe that he has gained the advantage by getting your Queen (and keeping his own).

Después del comercio le vanamente dejará sus fuerzas restantes en el crisol en un intento por mantener la iniciativa. Después de un par más oficios no tiene suficiente poder de fuego para forzarlo a hacer algo y su capitulación pronto será próximamente. Usted puede entonces con seguridad maniobrar al eventual comercio una de sus piezas para su reina, generalmente atacando al rey y la reina al mismo tiempo. Entonces estará muy sorprendido de saber que está a punto de perder. **Fuertemente piensa en esto**: Si no haces el comercio entonces usted probablemente será estar luchando y en la defensa de muchos movimientos en un intento por salvar a su reina y mantener la integridad de su posición. Mientras tanto, su oponente tendrá la iniciativa y desarrollará fuertemente en su dominio. Puede que no tengas otra oportunidad para tomar la iniciativa. Tenga en cuenta el juego para una estrategia de atracción.

After the trade he will vainly throw his remaining forces into the crucible in an attempt to keep the initiative. After a couple more trades he does not have enough firepower to force you to do anything and his capitulation will be soon forthcoming. You can then safely maneuver to eventually trade one of your pieces for his Queen, usually by attacking the King and Queen simultaneously. He will then be very surprised to learn that he is about to lose. **Strongly think about this**: if you do not make the trade then you will probably be scrambling and on the defense for many moves in an attempt to save your Queen and maintain the integrity of your position. Meanwhile, your opponent will have the initiative and will develop strongly into your domain. You may not get another chance to take the initiative. Keep in mind the play for a draw strategy.

Cuando llegues al final, si tu oponente tiene una reina y tiene una torre y un obispo entonces fácilmente puede forzar un empate dejando el obispo proteger la torre y un peón proteger al obispo. Entonces el rey ve en círculos alrededor del obispo. Nunca será capaz de acercarse lo suficiente para que forzar el jaque mate a su rey. De hecho, usted tendrá muchas oportunidades de verlo y atrapar a su reina en el punto de Mira hábilmente obligando a su rey para reaccionar a una serie de controles. Si no, entonces usted puede ganar el sorteo.

Controles inútiles

No desperdicies movimientos comprobando a tu oponente. Uso comprueba a impulsar algún otro programa. Buscar formas para comprobar el rey y atacar simultáneamente otra pieza. Esto puede hacerse

- Poniendo en la línea de fuego al rey y otro pedazo de una de sus piezas
- Una de sus piezas de la línea de fuego de una de sus otras piezas en movimiento para que el oponente obtiene comprobado y debe abordar

When you get to the end, if your opponent has a Queen and you have a Rook and Bishop then you can easily force a draw by letting the Bishop protect the Rook and a pawn protect the bishop. Then your King goes in circles around the Bishop. His King will never be able to get close enough to you to force the checkmate. In fact you will have plenty of opportunity to check him and catch his Queen in the crosshairs by skillfully forcing his King to react to a series of checks. If not, then you can gain the draw.

Useless checks

Do not waste moves checking your opponent. Use checks to further some other agenda. Seek out ways to check the King and attack another piece simultaneously. This can be done by

- Putting the king and some other piece in the line of fire from one of your pieces
- Moving one of your pieces out of the line of fire of one of your other pieces so that the opponent gets checked and must address

el cheque mientras que la pieza que se movió de su línea de fuego lleva una pieza o se pone en posición para tomar una pieza.

Ser como el agua

Agua toma la forma de la nave está en. Tu estrategia debe ser adaptable a la forma de la posición de tu oponente. Agua también erosiona lo que encuentre en su camino. Usted puede erosionar su posición con pequeños ataques. El agua detrás de una presa tiene gran energía que puede ser dirigido y no puede ser detenido. Deja que sus fuerzas se acumulan su potencial detrás de una presa de peones. En el momento de su elección permita a precipitarse hacia la posición enemiga a diezmar sus fuerzas y lo mate.

Atacar decididamente

No atacan para simplemente estar atacando. Allí debe ser la meta de atacar para ganar ventaja. Los ataques simples que no ganan ventaja perder el tiempo. Ser paciente. Maniobra de sus fuerzas. Ser flexible.

the check while the piece you moved
out of your line of fire takes a piece
or gets into position to take a piece.

Be like water

Water takes the shape of the vessel it is in.
Your strategy must be adaptable to the
shape of your opponent's position. Water
also erodes that which is in its path. You
can erode his position with small attacks.
Water behind a dam has great energy
which can be directed and cannot be
stopped. Let your forces build up their
potential behind a dam of pawns. At the
time of your choosing allow them to rush
forward into the enemy position to
decimate his forces and checkmate him.

Attack Decisively

Do not attack to be simply attacking. There
should be the goal of attacking to gain
advantage. Simple attacks which do not
gain advantage waste time. Be patient.
Maneuver your forces. Be flexible.

Utilice un ataque preliminar o un ataque amenazado, para obligar a tu oponente para mover sus piezas de tal manera que su ataque real será más eficaz. Antes de cualquier ataque debes saber cuál será la reacción de tu oponente. Es generalmente obvio. Toma su pieza y él tomará su pedazo. Considerar si se pierde en el comercio o si se debilitará su posición o fortalecerá su posición. Considerar si una de sus piezas restantes será aislada de apoyo y capturada fácilmente gratuitamente como resultado. Una vez que estas cosas se han considerado que las razones para atacar una pieza son las siguientes:

- Te estás poniendo una pieza gratis
- El ataque hará que sus peones doblar en una columna o dejar un peón trenzado para la fácil captura más tarde
- El ataque afectará un potencial ataque contra sus propias fuerzas
- El ataque abrirá el camino para que sus otras fuerzas

Es importante recordar que los peones de su oponente pueden bloquear sus fuerzas así como suyo.

Use a preliminary attack, or a threatened attack, to force your opponent to move his pieces in such a way that your real attack will be more effective. Before any attack you must know what your opponent's reaction will be. It is usually obvious. You take his piece and he will take your piece. Consider if you will lose on the trade or if you will weaken your position or will strengthen his position. Consider if one of your remaining pieces will get cut off from support and easily captured for free as a result. Once these things have been considered the reasons for attacking a piece are as follows:

- You are getting a free piece
- The attack will cause his pawns to double up in a column or leave a pawn stranded for easy capture later
- The attack will disrupt a potential attack on your own forces
- The attack will open the way for your other forces

It is important to remember that your opponent's pawns can block his forces as well as yours.

A veces los peones de tu oponente son tus mejores amigos en la protección de su posición de ser amenazado o atacado por sus otras obras. No tome sus peones gratuitamente si haciendo así abre sus carriles de ataque contra ti.

Tomar la iniciativa

M1 comienza con la iniciativa. M2 lo puede obtener a través de paciencia, fuerte defensa y percibir las intenciones de su oponente. Tomar la iniciativa y no deje de atacar. Tu oponente debe ser atacado continuamente una vez que has comenzado. Comprobando lo decide movimientos de tu oponente. Entonces él debe reaccionar. Considerar antes de cualquier serie de comprobaciones si ayudará a tu oponente en el desarrollo de sus piezas. Esto no es una estrategia ganadora. Si lo revisas tres veces y muda tres piezas desde sus posiciones de partida para contrarrestar entonces él está ganando terreno en ti. Sus cheques deberían resultar en él su rey hacia una posición más débil, o él mover a su rey de proteger piezas para que luego usted puede ganar ventaja por tomarlos.

Sometimes your opponent's pawns are your best friends in protecting your position from being threatened or attacked by his other pieces. Do not take his pawns for free if doing so opens up his lanes of attack on you.

Take the Initiative

WHITE starts with the initiative. BLACK can gain it through patience, strong defense, and perceiving his opponent's intentions. Take the initiative and do not stop attacking. Your opponent must be attacked continuously once you have begun. You decide your opponent's possible moves by checking him. He must then react. Consider before any series of checks if they will aid your opponent in developing his pieces. This is not a winning strategy. If you check him three times and he moves three pieces out from their starting positions to counter then he is gaining ground on you. Your checks should result in him moving his king to a weaker position, or him moving his king away from protecting pieces so that you can then gain advantage by taking them.

Presione hacia abajo de la almohada y sabe colapso

Esta frase proviene de Miyamoto Musashi. Cuando tengas tu oponente por no dejarlo salir a tomar aire. No será tan fácil acabar con él otra vez. Reconocer cuando se ha equivocado o desperdiciado una jugada, aprovechar la iniciativa y el mando le acerca sin cesar hasta que está completamente roto. Tomar todas sus piezas. Cuando cree de amenazar a sus piezas, eliminar la amenaza. No permita que tu oponente obstaculizar su libertad de movimiento. Suprimir las maniobras útiles de tu oponente y permitir que los inútiles.

La fortuna favorece a los audaces

Siempre deberías tener múltiples objetivos bajo amenaza de ataque. Algunos serán considerados altamente improbables por su oponente, tales como el intercambio de una pieza para un peón o una reina para una pieza menor. Estos movimientos sorprenderá a tu oponente. Sorpresa solo no ganará la victoria.

Press Down the Pillow & Know Collapse

This phrase comes from Miyamoto Musashi. When you have your opponent down do not let him come up for air. It will not be so easy to put him down again. Recognize when he has blundered or wasted a move, seize the initiative and command him about unceasingly until he is completely broken. Take all of his pieces. When he thinks of threatening your pieces, eliminate the threat. Do not allow your opponent to hamper your freedom of movement. Suppress your opponent's useful maneuvers, and allow the useless ones.

Fortune Favors the Bold

You should always have multiple targets under threat of attack. Some will be considered highly unlikely by your opponent, such as exchanging a piece for a pawn, or a Queen for a lesser piece. These moves will surprise your opponent. Surprise alone will not gain victory.

Un ataque sorpresa, seguido de un fuerte seguimiento que no estaba previsto, y para que tu oponente está preparada, seguramente dará una ventaja significativa.

Creencias y dialogo

Nunca creo que tu oponente es mejor que tú. Ambos tienen las mismas piezas. Usted puede hacer los mismos movimientos. Cada uno obtendrá un turno para mover. Puede impedir que tu oponente ganar en cada partido si haces los movimientos correctos. Si se dice a sí mismo sobre su oponente "aquí un maestro del juego de ajedrez, que ha dominado las estrategias," seguramente perderá.

Influir en tu oponente

Puede influir sobre su oponente. Si bostezas, él puede convertirse en sueño. Si pareces distraído, él puede ser distraído. Si estás estudiando atentamente algunas piezas, hará lo mismo. No ayudan a tu oponente. Su objetivo es ganar, no hacer amigos.

Los ganadores tendrán más amigos que necesitan.

A surprise attack followed by a strong follow-up which was not anticipated, and for which your opponent is unprepared, will surely yield significant advantage.

Beliefs and Self-Talk

Never believe that your opponent is better than you. You both have the same pieces. You can make the same moves. You each get a turn to move. You can prevent your opponent from winning in every game if you make the right moves. If you say to yourself about your opponent "Here is a master of the game of chess, who has mastered the strategies," you will surely lose.

Influencing Your Opponent

You can influence your opponent. If you yawn, he may become sleepy. If you seem distracted, he may become distracted. If you are intently studying some pieces, he will do the same. Do not help your opponent. Your goal is to win, not make friends.

Winners will have more friends than they need.

Tácticas para piezas particulares

Peones

Los peones son útiles para bloquear los ataques de su oponente. No querrá intercambiar un pedazo de un peón. Una línea diagonal peones debe estar anclada al lado de la Junta Directiva o a los peones en la segunda fila. Si el oponente puede sacar los peones posteriores los otros son fácilmente conquistados poco después. Si los peones se apilan en la misma columna son débiles. Si no están protegidos, son débiles. Tenga en cuenta al momento de decidir cual peones para avanzar, que debe abrir las rutas por sus obispos y la reina para avanzar. Las vías que conducen a su rey debe no bloque de las Naciones Unidas. Si tu oponente saldrá a revisarlo y luego bajar más piezas para ayudar a derrotar. La excepción es si desea mover algunas piezas hacia fuera y moviéndolos hacia fuera para bloquear un cheque parecen ser una buena forma de desarrollarlos mientras que al mismo tiempo una pérdida de su oponente se mueve en un cheque infructuoso.

Tactics for particular pieces

Pawns

Pawns are useful for blocking your opponent's attacks. He will not want to exchange a piece for a pawn. A line of diagonal pawns must be anchored to the side of the board or to pawns on the second row. If the opponent can take out the rear pawns the others are easily conquered soon after. If pawns are stacked in the same column they are weak. If they are not protected, they are weak. Keep in mind when deciding which pawns to advance, that you must open the lanes for your bishops and Queen to advance. You must not un-block the pathways leading to your King. Else your opponent will move out to check you and then bring more pieces down to help defeat you. The exception is if you want to move some pieces out and moving them out to block a check seems like a good way to develop them while at the same time wasting one of your opponent's moves on a fruitless check.

Al mover que tu caballero por desconfiar de su oponente, mudando a su obispo para localizar tu caballero para impedir el acceso a su rey o reina. Esto está bien mientras trabaja con su plan. Si se le permite tomar al caballero con el resultado de apilar dos peones y dejando solo un tercio del lado de la Junta entonces te arrepentirás más tarde.

Obispos

Los obispos son útiles para mantener en la espalda con un ojo hacia una rápida comprobación más tarde. A menudo cuando un obispo de la segunda fila rodeado de los tres peones, el oponente se olvidará, en su detrimento.

Caballeros

Caballeros son grandes para acosar y alterar las fuerzas de su oponente. Es fácil olvidarse de donde podría pasar a la próxima y casi imposible saber dónde van a estar en dos jugadas. Busque oportunidades atacar dos piezas a la vez,

When moving your knight out be wary of your opponent moving his bishop out to pin down your knight to prevent access to your king or queen. This is okay as long as it works with your plan. If he is allowed to take the knight with the result of stacking two pawns and leaving a third alone on the side of the board then you will regret this later.

Bishops

Bishops are useful to keep in the back with an eye towards a quick check later. Oftentimes when a bishop is on the second row surrounded by the three pawns, the opponent will forget about it, to his detriment.

Knights

Knights are great for harassing and disrupting your opponent's forces. It is easy to forget about where they might move to next, and nearly impossible to know where they will be in two moves. Look for opportunities to attack two pieces at once,

tales como

1. rey y reina
2. rey y Torre
3. rey y obispo

Caballeros realmente no tienen ventaja sobre los demás. Depende de la ubicación de las otras piezas. Si un montón de peones está bloqueado por el medio del tablero, un caballero es generalmente más útil. Para ataques de larga distancias, el obispo es más útil.

Torres

Torres son los mejores para el final del juego. También brindan cobertura de largo alcance útil para los ataques de la reina, el caballero y el obispo.

Queens

Las reinas son mejores para maniobrar a rey de tu oponente en una serie de comprobaciones que resultar en conseguir una pieza libre o dos.

such as

1. King and Queen
2. King and Rook
3. Bishop and King

Knights don't really have advantage over each other. It depends on the location of the other pieces. If a lot of pawns are locked across the middle of the board, a knight is usually most useful. For long distance attacks, the bishop is most useful.

Rooks

Rooks are best for the end game. They also provide useful long range cover for attacks by the Queen, knight and bishop.

Queens

Queens are best for maneuvering your opponent's king around in a series of checks which result in you getting a free piece or two.

□

Epílogo

La forma en que juega al ajedrez siempre será diferente ahora. Tiene una perspectiva fresca y una verdadera ventaja.

Uso responsablemente.

Epilogue

The way you play chess will always be different now. You have a fresh perspective and a real advantage.

Use it responsibly.

About the Author and Why I am so Great at Chess

In the spirit of chess (where fortune favors the efficient), I will keep this story short.

- Age 7 – I learned to play chess and studied the games of the masters in the Encyclopedia Britannica and played a chess computer from Radio Shack
- Since then, I've played 20,000 hours of chess. I Discovered Chess Life Magazine and the US Chess Federation. I studied every page of dozens of issues. I played 1,000's of hours of solo games. After the first 14 months of an 8 year stretch at the University, nobody could beat me more than 45% of the time. Most were at less than 10%.
- I attended my first USCF official chess tournament and won first place in the Open section with zero losses. I made about $75 for 2 days of work.
- I went to a few more tournaments, and then decided to abandon

professional chess in favor of making money.

- I wrote this book a few years later after testing the black strategy online for hundreds of games. It is great against people who use a chess engine for assistance. This is because by move 12, the chess engine has almost zero games in the database for analysis, compared to traditional defenses.

- I am still doing better than 90% of all chess players on chess.com. You can Google that. My username is vincentdegruy. Challenge me. I can show you better than I can tell you.

Sobre el autor y por qué soy tan bueno en el ajedrez.

En el espíritu del ajedrez (donde la fortuna favorece a los eficientes), haré breve esta historia.

- 7 años: aprendió a jugar al ajedrez y estudió los juegos de los maestros en la Enciclopedia Británica y jugó una computadora de ajedrez de Radio Shack.
- Desde entonces, he jugado 20,000 horas de ajedrez. Descubrí Chess Life Magazine y la Federación de Ajedrez de Estados Unidos. Estudié cada página de docenas de números. Jugué miles de horas de juegos en solitario. Después de los primeros 14 meses de un período de 8 años en la Universidad, nadie pudo vencerme más del 45% del tiempo. La mayoría estaba por debajo del 10%.
- Asistí a mi primer torneo oficial de ajedrez de la USCF y gané el primer lugar en la sección Open

sin pérdidas. Gané alrededor de $
75 por 2 días de trabajo.

- Fui a algunos torneos más y luego
  decidí abandonar el ajedrez
  profesional a favor de ganar
  dinero.

- Escribí este libro unos años después
  después de probar la estrategia
  negra en línea durante cientos de
  juegos. Es genial contra personas
  que usan un motor de ajedrez
  como ayuda. Esto se debe a que
  en la jugada 12, el motor de
  ajedrez tiene casi cero juegos en
  la base de datos para el análisis,
  en comparación con las defensas
  tradicionales.

- Todavía lo estoy haciendo mejor que
  el 90% de todos los jugadores de
  ajedrez en chess.com. Puedes
  buscar eso en Google. Mi nombre
  de usuario es vincentdegruy.
  Desafíame. Puedo mostrarte
  mejor de lo que puedo decirte.

www.ingramcontent.com/pod-product-compliance
Lightning Source LLC
Chambersburg PA
CBHW071620150726
48000CB00004B/1809